異端であれ！

きぬた泰和

KADOKAWA

はじめに　「わたし」は何者か？

ひとのいのちの道のなかばで、
正しい道をふみまよい、
はたと気づくと　闇黒の森の中だった。

ダンテ『神曲 地獄篇』
三浦逸雄 訳

首都高速4号新宿線に車を走らせると、わたしが西八王子で経営する歯科医院「きぬた歯科」の看板広告が、否応《いやおう》なしに目に入ってくる。

どれも巨大でインパクト十分な看板を、かなり目立つ位置に立てているので、見たことがある読者の方もおられるかもしれない。わたし自身、ときどき車で通ることがあるが、夜に走ると、遠くから突如として、まばゆい照明に照らされた派手な造形物が、東京上空に浮かび上がる。

それは、わたしの巨大な「顔」だ。

看板広告は、人々が日常的に行き来し、なにげなく視線を向ける道路沿いや建造物の上に、リアルに設置される巨大造形物だ。特に都会の高速道路や幹線道路沿いにそびえる看板は、例外なく巨大である。

かつてわたしは、歯科医としてはじめて勤務した日の夜、当時勤めていた医院の院長に連れられて、首都高速道路を車で走ったことがあった。上京してはじめて目にした、東京の夜のまばゆいばかりの看板群。ギラギラと輝くそれらが視界の横を次々と流れていくさまは、思わず目を閉じたいほどにきらめき、わたしの目を何度も貫いた。

多くの人は、そんな看板を設置した者のことなど知らないし、関心もないだろう。

だからこそ、看板を立てる者の多くは声高にこう主張しているのだ。

「どうだ！　わたしは成功したぞ！」

「おいみんな、俺を見ろ！」

実に馬鹿らしい話ではあるが、この満足感は巨大看板を立てた者しかわからないことである。身が震えるほどの達成感、成就感があるからだ。

巨大な物体が強烈な照明を浴びて現れるさまは、威風堂々としていながら、それにも増してある種の「異様さ」「うさん臭さ」がそこにはある。見たくもないのに目に飛び込んでくる強引さ、あつかましさがある。

そんな異様なものを、大枚をはたいて立てるほど、自分のことを「わかってもらいたい」という承認欲求が人間にはあるのだ。

多かれ少なかれ、どんな人間のなかにも――。

なぜ、これほどまでに、自分のことを「わかってもらいたい」のか？

自分が営む事業の宣伝のためか？　いや、おそらく違う。

本書で述べるが、わたしの場合、徹頭徹尾、企業戦略として都内250箇所以上に看板広告を設置しているので、たかだか数個程度しか看板広告を立てていない者たちとは、考え方がまったく異なると思っている。

看板広告を1、2個立てたところで、大した宣伝効果などない。

では、なぜ人は巨大看板を立てるのか?

その理由は、彼ら彼女らは、その辺を歩いていてもその存在を誰にも気づかれない、ただのおっさん、おばさんだからである。大金を使わない限り、ほかの人間と同じようにしか扱われないからだ。

だから自分のことを、「こいつは凄《すご》い奴なんだ」と見てほしくなるのである。その証拠に、道路沿いに巨大な看板広告を立てる者は、そのほとんどが〝成りあがり者〟だ。

要するに、等身大よりでかく見せたがる者が立てているのである。

それでも、かつて果てしない野望を胸に秘め、勤務初日にそれらを目にしたわたしは、夜の空に浮かび上がる看板広告の光景に最高に憧れた。

「これは凄い! 社会的に成功するとこうなれるんだ」と単純に圧倒されたのだ。

かつてのわたしなら、いま高速道路沿いにそびえる自分の看板を見て、こう叫ぶだろう。

「どうだ、俺は成功したぞ!」と。

だが、いまのわたしは、とてもそんなことを叫ぶ気持ちにはなれない。

毎日、気持ちが晴れないのである。仕事につきものの不安や恐れも、消えることがない。後悔の念と罪悪感に苛《さいな》まれる日々は、いつまでも終わることなく続いていくかのようだ。

わたしは大した家庭環境でも一流大学卒でもなく、強烈な挫折感だけを引きずりながら、これまで働き詰めに働いて生きてきた。

そして、今日も憂鬱な気持ちが晴れないまま、ひたすら働いて生きている。

そんなわたしが、人様に語れるような話があるとは思わないが、せめてみなさんの好奇心に応えるためにも、「あのうさん臭い看板の男は何者なのか?」について書いていく。

この男はどんな経緯でこの地点までやって来て、いまなにを考えて生きているのか。

そのなかにわずかでも、わたしと同じように毎日を懸命に働き、生きているみなさんにとって、なにかの気づきや変化のきっかけになるものがあればいいと願っている。

CONTENTS

序章

「個」として生きよ

第1章

所詮、他人は他人

第2章

やられたら、やり返す

第3章

稼ぎたければ「顔」を出せ

第4章

悶々としながら、進む

第5章

人生はどこまで行っても蜃気楼

序章

「個」として生きよ

異端であれ！

本書のタイトルに、わたしは「異端」という言葉を用いた。

だが、そもそも異端とはなんだろうか？

辞書を引くと、異端とは、正統に対する相関的概念であり、「一般に容認されている説に対して異なる立場を主張すること」（小学館『日本大百科全書』）だという。

狭い意味では、宗教内部において、正統信仰からの逸脱をイメージされる人もいるかもしれない。例えば、古くは中世カトリック教会に端を発する「異端審問（宗教裁判）」において、異端は厳しく処罰され、徹底的に殲滅《せんめつ》された。

いずれにせよ、異端とは、「自己の意見を正統とする側からの排他的呼称」（同書）だという。

そして、「何が正統であるかを決定する権威あるいは機構が拘束力をもてばもつほど、正統と異端の対立は著しくなる」（同書）とされている。

正統の側からの排他的呼称。

だが、わたしはこれから、そんな「異端であれ！」とみなさんに述べていくつもりだ。

わたしは、異端とは世間や社会の「常識」を疑う人間だと考えている。

世の中であたりまえとして存在する常識や慣習、価値観などを、つねに疑ってかかる。そんな態度や思考を持つ者が、異端な存在ではないだろうか。

そして、考えるだけでなく、それを実際に行動に移していく人間でもある。世の中の多くが信じている方向とは逆であっても、自分が信じる道を、自分の意思で進んでいく。

そのためには、ときとして現れる世の中の熱狂の渦に巻き込まれず、つねに周囲の状態や世界を客観視し、俯瞰《ふかん》して見ることができる力が必要になる。

自分が信じる正しさと、進むべき道を行く冷静さ、なにより勇気が欠かせないだろう。


世の中の熱狂のわかりやすい例を挙げるなら、近年ではやはり、コロナ禍におけるワクチン騒動が典型だ。やれ接種会場が足りないだの、やれ接種券が届いても予約が取れないだの、あのとき実に多くの人間がヒステリックなまでに騒いでいた。

わたしは医療従事者なので、ワクチンを優先的に接種する権利があった。わたしの周囲の医療従事者も、ワクチンを優先的に接種できることを喜んでいたものだ。

だが、結果論かもしれないが、あれから数年が経《た》った現在、ワクチンを複数回打っている人たちでも、ふつうに新型コロナウイルス感染症に罹《かか》っている。

一方で、ワクチンを接種せず抗体がないと思われる人でも、これまで一度も感染しなかったケースが見られるようだ。

あたりまえだが、年齢や健康状態をはじめ個人差があるのである。

もちろん、ワクチンを打ってても打たなくても、個人の判断なのだから、わたしはどちらでもいいと思っている。「ワクチンを打っていたから症状が軽く済んだ」とも考えられるだろうし、逆に、1年程度という短期間でつくったワクチンに対して、「危ない」と考えて接種を控えるのもひとつの考え方なのだと思う。

だが実際は、医療従事者も含め多くの人々が、ワクチン接種をめぐる、なかばパニックといっても過言ではない状態に陥っていった。

ワクチンを接種するのはそれでいい。ただ、ワクチンを打たなければ、自分の身を守れないどころか、他人に害悪すら与えてしまうとでもいわんばかりの言動が世の中に溢《あふ》れていたように感じたのはわたしだけだろうか。

わたしは当時、なぜこんなヒステリックな状況に、多くの人が自ら突っ込んでいくのかがまったく理解できなかった。

ワクチンについて徹底的にリサーチし、論理的に判断するというよりは、どちらかといえば、「よくわからないけど、とりあえず打っておこう」という思考停止状態が、薄く暗い雲のように集団を覆い尽くしていった、その異様さに慄《おのの》いたのである。

「非国民」でも自分を信じて生きよ

このような出来事は、今後も間違いなく起きるだろう。

メディアの影響も多分にあるが、まさに世の中の「空気」がなせる業であり、集団でなかばパニックのような状態になって一方向へ突き進んでいく独特の空気をわたしはそのとき感じたのだった。

「ああ、この国はこのような雰囲気に包まれて、約80年前、絶望的な戦争へと突き進んでいったのだろうか」とふと思った。

なぜなら、世の中の空気になんとなく流されて、あっさりと自らの思考を放棄してしまっているように見える人がたくさんいたからだ。あるいは、権威や専門家と呼ばれる人たちの言動を鵜呑《うの》みにして、それなのに「自分で考えて判断している」と思い込んでしまっているような意見が、ネットやSNS上で数多く見られたからだ。

こうして、かなり多くの人がちょっとしたヒステリックな心理状態になり、ひどい場合にはコロナ患者の立ち寄り先を公表したり、その影響で店が潰れたりと、異様な状態が「あたりまえ」のように行われていた。

そして、当時ワクチンを打たなかった者は、まるで「非国民」のようにみなされる雰囲気が世の中にはあった。そうした人を私的に取り締まる意味合いで、自粛警察という、自らを「正統」とするような言葉まで現れた。そう、ワクチンを打たなかった者は、「異端」とみなされたのである。

そんなことは、一部の人間の仕業だと思うかもしれない。

しかし、マスクをしていないだけでその人とのコミュニケーションを忌避し、子どもたちに「話さないように」指導する親や学校など、日本中が思考停止に近づいていた状態であったのは否定できない（仮にこれを思考というなら、相当に単眼的な思考ではないだろうか）。

あれから数年が経ったいま、あらためて自分を含めて、周囲の人間を観察してもらいたい。いまだ新型コロナウイルス感染症に罹る者が多くいるにもかかわらず、みんなもうなに食わぬ顔で生きてはいないか。

「異端審問」を行った都合の悪い事実はなかったことにして、コロナ以後の日々を過ごしているのだ。

異端者とは、そんな世間の「空気」や、社会の「常識」を疑う人間だ。

大勢に飲み込まれず、集団におもねらず、集団のなかにいる状況でも、多数の意見に迎合せず、あくまで自分の頭でものごとを考えて行動する人間である。

まわりが間違っていて、自分が考えることはつねに正しいという意味では決してない。あたりまえだが、ワクチンを打たないことが正しいという意味でもない。

そうではなく、たとえ自分が間違っていたとしても、自分の周囲を包み込む空気や同調圧力、集団で盛り上がっていく熱狂に足を踏み入れず、つねに冷静に観察できる力が大切だということだ。

これが、わたしがこれから述べていく、人生で一貫して持ってきた態度であり、生き方である。

ただ、先に「異端であれ」と述べたが、わたし自身は異端であろうとして生きてきたわけではない。自分を信じて生きていたら、正統な側から、体制の側から、つねにそう見なされてきただけである。


そうしてわたしは、いつしか異端となった。

本当の「個」の時代がはじまる

異端という言葉からもうひとつ喚起できるのは、自分が信じた道を、本気で生きている姿だ。

なにごとも本気で取り組まない人が大多数の世の中で、いわば命を懸けるように取り組む者は、ビジネスであれ、スポーツであれ、芸術分野であれ、圧倒的な結果を残すことができる。

これが、結果を出す者に共通する事実である。

こうしたことを述べると、すぐに「そんなの根性論ではないか」と煙たがられる風潮があるが、わたしがいいたいのは、結果を出したいのなら、いい意味での「激情」を持てということである。

安全な道を歩き、誰にでもいい顔をし、波風立てないようにして、どんなことも「ほどほど」に取り組んでいたら、あたりまえだが圧倒的な成果など出せるはずがない。

わかりやすい例として、ロサンゼルス・ドジャースの大谷翔平選手を思い起こしてほしい。野球の才能やスキルはもちろんのこと、彼は人間的魅力にも溢れていて、良識があり、礼儀正しく、いつも笑顔で、コミュニケーション能力も高い。なにより球史を塗り替えるほど独創的であり、スターに欠かせないカリスマ性も抜群だ。まさに、完璧である。

だが、そんな彼を支えているものはなんだろうかと、わたしはときどき考える。

それは野球に対する、「激情」ともいえるほどの取り組みではないか。

もちろん、彼自身が「なにごとも命を懸けて取り組め」と述べているわけではないし、それは彼のパーソナリティーでもないと思う。あくまでわたしの観察である。

だが、彼はまさに野球への取り組みにおいて、人間の情熱がなせる業を、つねにまざまざとわたしたちに見せているのではないか。

アメリカでは、彼は「野球そのもの」であり、「野球を救った」などという称賛が多いそうだが、むしろ彼こそが正統な野球に対する、異端なのではないだろうか。


かたや、日本社会で広く見られるのは、いわゆる「レールに乗る人生」がいまだに推奨されている現実である。

実際に、そのような教育や慣習が根強く続いており、いい大学に行って、とりあえず大企業に就職するという道筋は、揺らぎつつあるとはいえ、いまだこの社会で強固であることは事実だろう。

だが、ビジネスパーソンは、いい加減に気づかなければならない。

日本の教育において、「いい大学を出ればいい会社に入れて、ある程度人生が保証される」というようなイメージを持ってわたしたちは義務教育を通過し、受験勉強に邁進《まいしん》してきたわけだが、はっきりいって、そんなことをまったく通過していない連中がふつうに大《おお》儲《もう》けしている現実があるではないか。

一流大学を出たビジネスパーソンがあくせくと働き、住宅ローンを組んで、家族仲がどんどん悪くなっているのを尻目に大成功している連中がいるし、仮にそんな者は例外だといっても、自らビジネスを立ち上げ、早々に独立して充実した人生を謳歌《おうか》する若い世代などいくらでもいる。


こうした時代や環境の変化に、人々がいったん気づきはじめると、以前の時代を支えていた社会構造は一気に瓦解していくはずだ。なぜなら、人々の考え方や価値観そのものが変容していくからだ。

特に日本人は、いい意味でも悪い意味でも大勢に影響されやすいため、10年後などの近い将来には、いまの社会構造は驚くほど崩れていると推測する。

先に述べた大学ひとつとっても、肝心の子どもの数が減ることで、現時点で知名度がある大学でも定員割れの危機に直面することは間違いない。偏差値もどんどん落ちていく。いや、20年も経てば、偏差値がどうとかいっている時代は過ぎ去り、そもそも大学の価値自体が問われるだろう。

そんな時代に、国の政策になんとなく乗っかり、定番である東大、京大、早慶上智などに猛勉強して進学し、大企業に就職したとしても、安定した雇用制度など崩れてしまっている。会社自体が、ほかの会社や外国企業にあっさり身売りするかもしれない。

加えて、学歴に頼る者に限って忘れがちなのは、たとえ大企業に入ったとしても、そのなかでの競争は、「より儲けた者（＝会社を儲けさせた者）」が勝つという現実だ。

どうだろう？　勝つ者は全体の1割程度ではないか。ビジネスの基本は金儲けであり、その能力がない者は、いくら学歴があっても存在価値すらないとみなされるのである。

つまり、これから様々な環境の変化に従って、個人が追い込まれていくと同時に、日本社会全体も追い込まれていくのだ。終身雇用が崩壊し、かつてないレベルの少子高齢化が進む時代の流れのなかで、たかが学歴の価値などどんどん減損していく。

そうして、より「個」の力や、「個」の強さが問われる時代へと向かっていくだろう。

ただ、追い込まれる状況にはいい面があるともいえる。

なぜなら、いくら「個が重要だ」といわれても、これまでぼんやり生きて、思考を止めていた人間は、たいてい自らの力で動くことができなかったからだ。でも、社会全体が追い込まれ、これまでの状態では立ち行かなくなっていけばどうか？　そのときはじめて、ようやく人間本来が持つ想像力や生命力が働きはじめるかもしれない。

端的にいうと、徹底的に追い込まれることは、自分の力で徹底的に考えるための契機になるということである。

「わたしが選択した道は間違っていたのではないか？」

「このままでは生き延びられないのではないか？」

そんな疑問を持ち、自分の力で思考して、自分と徹底的に向き合いはじめた地点から、あなただけの「個」の時代がはじまるのだ。

空気を読んでいる場合ではない

いまなんらかの組織に所属する人は、その組織ならではの難しさを感じながら生きていると思う。

組織のなかでそれなりの業績をあげても、周囲の人間とうまくやれない人間は、結局、出世などできないからだ。組織で出世する人間は、基本的に人あたりがいいし、あまり敵もつくらない側面がある。もしくは、自然とお世辞がいえるような振る舞いも必要なのかもしれない。

おそらくわたしみたいな人間は、組織では閑職に追いやられたり、即飛ばされたりするだろう。

ただ、組織が恐ろしいのは、たとえ結果を出していても追いやられる可能性があることだ。すると、使える人間ほど組織からいなくなり、使えない人間ほど、組織に居続けることになる。

要するに、社内政治がうまい人間ほど出世していくということである。そうして組織は衰退していくのだ。

いままでは、それでも前世代の遺産を食い潰して、企業はなんとか成り立ってきたかもしれない。だが、今後は多くの企業が淘汰《とうた》され、日本社会全体の衰退も進んでいくだろう。いずれにせよ、ビジネスパーソンはいますぐにでも意識を変えていったほうがいい。

評論家・山本七平《やまもとしちへい》の『「空気」の研究』（文藝春秋）にも書かれているが、むかしから日本人は、とにかく空気ばかり読んでいる人間が多い。

そうなると会社組織においては、なにかいい意見が出ても、それを積極的に取り入れるよりも組織の論理を優先することになる。会社を成長させるかもしれないアイデアや変革案が提示されても、「あいつは生意気だ」という声のほうが大きくなってしまう。

その結果、自分たちで規制をかけて、空気を読み過ぎて、結果どんどん変な方向へと進んでいき、潰れていくことも多い。

また、組織で働く大多数の人間は、毎日「生きるか死ぬか」の瀬戸際にいるわけではないのも大きい。特に正社員であれば、別に出世しなくてもなんとなく食べていける。そんなことも相まって、モチベーションがどんどん上がらなくなってしまうのだろう。


だが、どんな状況であっても、勝つ人間は勝つ。

特に昭和の激動期には、会社組織においても、冷徹かつ緻密な策略を以《もっ》て権力の座へ上り詰めていった経営者たちがたくさんいた。彼らの自伝やノンフィクションなどを読むと、どうしても出世して権力の座につきたいがために、同期や上司、部下のなかで優秀だと思う人間を、あらゆる権謀術数によって罠《わな》にハメていき、蹴落としていったという者たちがたくさんいる。

ここからわかることは、端的に「やる奴は、やる」ということである。

しかも、日本は専制主義国家ではなく、れっきとした法治国家であり民主国家だ。

つまり、あからさまに法に触れることをしない限りは、組織の人間であっても、個人が選べる選択肢はかなり多い。


ここで伝えたいのは、たとえ所属する組織自体がすぐには変わらないとしても、そこでどのように振る舞い、思考して行動するかは、やはり自分次第だということだ。

少なくとも日本の会社組織は、「個」を前面に出したところで、急に解雇されることはほとんどないので、自分の目標を設定して実現することは、わたしは組織に属していても可能だと思う。

事なかれ主義で大勢についていくのではなく、本当に実力があれば勝てるのだし、ようやくそんなチャンスに恵まれた時代に変わってきている。自分がやりたいポジションで、自分なりの目標を見極めて達成することは、誰にでも可能である。

大丈夫だ。失敗しても、なにも殺されるわけじゃない。

いまは時代の転換期であり、空気を読むという時代ではなくなった。むしろ、空気を読まない人間が次々と出てきて、どんどん旗を振っていけば、自《おの》ずとほかの者も「個」の力を出しやすくなっていくだろう。

バイタリティーのある者が、どの世界でも最後には勝つ。もし、バイタリティーに自信がないのなら、知恵を絞ればいい。知恵がなければ、ほかの者よりも時間をかければいい。

それもまた、バイタリティーのひとつだと思う。

自分で自分を応援する

わたしが「個」を大切にせよと述べているのは、ただ自分を守るために、自分の殻にこもるという意味ではない。

そうではなく、「自分の欲望や憧れがあれば、それを積極的に実行する」ということだ。

そうした行動が「個」の力を強くしていき、結果的に自分を大切にすることにつながると考えている。

どんなかたちでもいいから、自分なりに社会とかかわっていくことだともいえる。最初はうまくいかないことが多々あるものだが、なにかしら自分のアウトプットを通して社会へ働きかけていき、自分の「自由裁量」の範囲を少しずつ広げていく。

自由というのは、そうして自分で考えて決めた道を、自分で歩んでいくということなのだ。

第3章で詳しく述べるが、きぬた歯科の「看板戦略」ひとつとっても、ものごとにチャレンジするときは、世間からの風当たりは強いのがふつうである。

特に、既存の常識やルールにとらわれず、むしろそれを逆手に取るような方法を選べば、なおさら反発や批判は激しくなる。ひどい場合は、嫌がらせをされたり、訴訟を起こされたりすることもある。

だが、わたしは自らの経験を通じて学んだことがある。

それは、自分が本当に追い詰められたとき、救いの手を差し伸べてくれる者は「誰もいない」という事実だ。

家族をはじめ、本当に親身になって助けてくれる人たちは、わずかながら存在するかもしれない。それでもわたしは、「そんな者は誰もいない」と自分に言い聞かせながら、これまで生きてきた。

そう考える理由についてものちに述べるが、端的にいうと、わたしは「所詮、他人は他人」だと思っているのである。誰も自分の身を犠牲にしてまで、他人のことなど守ってくれないのがふつうである。

人間とはそういうものだと思っている。

逆にいうと、人の目を気にしたところで、なにかあったときにその人が助けてくれるわけではないのだから、なにごとも勇気を出して取り組めば、どんなことだってやれるということになる。

法律に触れない限り、いろいろな挑戦をしたらいいし、他人がどう反応するかなんて、いちいち気にしている場合ではない。

あなたが自分の夢や目標を本気で達成したいのなら、ある意味で「孤独」になる覚悟を持つことが必要だと思う。

いまは人生100年時代などといわれるが、実際のところ、人生は思ったほど長くはない。

男性の平均寿命が81・05歳で、女性は87・09歳（厚生労働省「令和4年簡易生命表」）だが、現実の健康寿命は、男性72・68歳で、女性は75・38歳（厚生労働省「第16回健康日本21（第二次）推進専門委員会資料」令和元年値）である。

もちろん個人差があり、人によっては健康寿命が60代後半かもしれない。そう捉えると、人生はさほど長くはないことがおわかりになると思う。


そんな短い人生なのに、わたしは、「自分が自分を応援しないで、いったい誰が応援するのか」とむかしから考えて生きてきた。

例えば、いい年齢になっても、スポーツイベントや歌手のコンサートなどで盛り上がっている人たちがたくさんいる。人の趣味は自由だから、それが悪いという意味ではない。もしかしたら、若さと健康を保つ秘訣《ひけつ》なのかもしれない。

でも、もし自分の夢を本気で叶《かな》えたいのなら、そんな他人の活躍するさまを見て興奮したり、ビールを飲んで盛り上がったりしている場合ではないだろう。そんな暇があるなら、

1円でも多く金を稼ぎ、自分が生き残る方法を考えたほうがいいと、わたしはずっと周囲の人にいってきた。

スポーツは確かに人に感動を与えてくれるが、それを自分の生き方に反映させられるのは、せいぜい20代くらいまでではないか。あなたに応援しているスポーツチームがあったとして、そのチームが優勝しても、あなたになにかメリットがあるかといえば、ほとんどなにもない。おそらく、その瞬間だけアドレナリンが出て、気持ちよくなる程度である。

もちろん、そのチームの選手があなたのことを知っているかといえば、知るはずがない。そんな見ず知らずのスポーツ選手が活躍しようがしまいが、あなたの人生にはなんの関係もないはずだ。

これは他人の目を気にしないということの延長線上の話でもあるが、あまりに多くの人が、他人の人生に感動し過ぎである。

そんな無意味なことに、自分の貴重な人生の時間を費やしている場合だろうか?

「自分は自分」であり、「他人は他人」だという事実を、わたしたちはもっと肝に銘じたほうがいいと思う。

「メメント・モリ」というラテン語がある。「死を想え」という意味だ。

いずれ人は死ぬ。もしかしたら数カ月後、あなたはこの世にいない可能性がある。

例えば、身近な存在だと思っていた人が、なんらかの理由であっけなく亡くなり、葬儀が執り行われる。あなたにはそんな経験はないだろうか？

そして、次はあなたかもしれない。


あなたの親友が、ある日突然余命宣告されたとする。あなたはそれを知って、心底、心配するだろう。

しかし、その夜、あなたはいつものようにふつうに眠りにつくはずだ。

果たして、人には眠れない夜をともに過ごしてくれる者が、どの程度いるものだろうか。

そう、あなたもまた、誰かにとっての他人なのだ。


だからこそ、自分が「これは」と思ったものがあるなら、他人の反応を恐れることなく、いますぐ本気で取り組んでほしい。

真剣に自分と向き合えば向き合うほど、あなたはそれを実行できるはずだ。

次章からは、わたしのこれまでの人生を振り返りながら、当時感じていたことや、いま現在考えていることなどを述べていく。

自伝のかたちを取ってはいるが、いまを生きるみなさんにとって、少しでも役に立つ視点や、気づきになるような考え方を織り交ぜていくつもりだ。

第1章

所詮、他人は他人

所詮、他人は他人

わたしは1966年、栃木県足利市で、父母、兄、妹の5人家族の家に生まれた。

幼い頃からやんちゃ気質で、物心つかない2歳のときに、病院で順番を待つのが我慢できず、待合室で大暴れしたことがあったそうだ。そうして待っているほかの患者さんに、「うるさいから先に診てもらえ」と、順番を譲ってもらったことがあったという。

物心がついていないのだから、これはもう生まれつきの気質としかいいようがない。

両親が共稼ぎのため、毎日午後5時まで預かってくれる近所の龍泉寺保育園に通園していたが、あまりに保育士のいうことを聞かないため、保育園の押し入れによく閉じ込められていた。いまの時代なら児童虐待となって大変な騒ぎになるところだが、当時は、わんぱく小僧にはそのくらいやってわからせるのが通常運転だった。

2歳上のターチャンというあだ名の友だちと保育園を脱走し、警察騒ぎになったこともある。


こうした気質は、母方から受け継いだのかもしれない。

母の実家は福島県にあり、そこで祖父が戦後にキャバレーを経営していて、まわりにいつも若い衆がたむろしていたという。それはきっと、いわゆる愚連隊のようなものだったのではないか。年がら年中、客同士が店でいさかいを起こし、若い衆が乱闘するという、混沌《こんとん》とした環境が日常茶飯事だったらしい。

店自体はかなり流行《はや》っていて、昭和を彩った往年の大スターたちがまだ若手の頃、地方の興行として来ていた。出演料とは別にチップを渡し、彼らが祖父に頭を下げていた光景を何度も見たことがある。

わたしの記憶がはっきりしている小学1年の頃にも、そんなどこか危ない雰囲気は確かに残っていた。むかしは水商売というと、アウトローとまではいかないが、異端の世界であるには違いなく、兄と一緒に母の実家へ帰省したときに、酒に酔った客がトラブルを起こしているのを目にしたこともあった。

そのようなシーンを、小学1年でふつうに目にするような体験をしていると、なんとなく冷めた目で大人の世界を眺めるような、そんな気質が育まれたようにも思う。

どんなものごとでも、どこか一歩下がって見るような傾向が、小さい頃から自分にあったと感じるのだ。

そういった経験からも、わたしはやはり母方の気質を引き継いだと思っている。

なぜなら、父方の家のほうは、父を含めて兄弟すべて大学を出ているインテリ家系だったからだ。当時は大学を出ていることがまだ珍しかった時代であり、現在91歳の父は群馬大学工学部を卒業している。この年齢で国立大学を出ているのだから、それは大したものである。

父親と母親の家庭環境が違い過ぎるのがわたしにはむかしから不思議だったが、それについて両親に聞いたことはない。ちなみに、「横浜きぬた歯科」を経営するわたしの兄は、父親に似た性格だと思う。


親は共働きでいつも忙しく、基本的に朝から晩まで家にいないため、結果として放任主義のようになっていた。

ただ、小学生の頃は父方の祖母が同居していたので、家にいつもおばあちゃんがいて、学校から帰ってもさびしさのようなものは感じなかった。

親は放任主義だったが、身のまわりのことをすべて自分でやらなければならないような過酷な状況にまでは追い込まれておらず、いろいろ全部やってもらっていた口だから、むしろ甘やかされていたといえるのかもしれない。

そんな暮らしのなか、小学校から帰ると、夕方からのドラマ「木枯し紋次郎」の再放送を観るのが毎日の楽しみだった。もちろん、町内野球などで遊んだ思い出もあるが、基本的には小さい頃から誰ともつるまず、むしろテレビのなかの一匹狼《おおかみ》や無頼派に強く憧れていた。

この気質は、いまも色濃くわたしのなかに息づいている。

親がいつも家にいないことにさびしさを感じなかったのは、それがあたりまえだと思っていたこともある。

ほかの家のことはいざ知らず、小さい頃から、当時かなり少数派だった、保育園に預けられる生活だったわけだから、幼心に「大人はいつも働いているものだ」という感覚が植えつけられていた。小学生のときも、さびしいなどというセンチメンタルな感情はなく、逆に「大人になったらすぐに働かないと駄目なんだろう」という、なんとなく覚悟のような気持ちがあった。

すんなりそう思えたのも、やはり性格的なところが大きかったのだろう。

そして、その気質のまま大人になったので、わたしはいまでもひとりでいることがまったく苦痛ではない。言葉の問題さえなければ、海外のどこにひとりで放り出されたとしても、それなりに楽しんで生きていけるタイプだと思う。

それこそ、わたしには友人があまりいない。仲良くしていただいている方はたくさんいるが、いわゆる仲間みたいな存在はいないのだ。同業者ともまったくつきあわないし、友だちがもっともたくさんできる学生時代にも、人とつるむことはほとんどなかった。

ずっとその調子で生きてきたので、おかげで人の目を気にせずになんでもやれるようになったし、人の顔色をいちいちうかがうことも皆無だった。

本書で繰り返し述べることだが、わたしは「所詮、他人は他人」だと思っている。

小さい頃から、ひとりで自分と向き合うようなところがあったし、いってみれば、ひとりで生きていく覚悟が、わりと子どもの頃に定まっていたような気がする。

骨の髄から反権力

気質的には母方の血を引き継いだと述べたが、一方で、父が毎日働き詰めに働き、夜遅く家に帰って来る姿をずっと見て育った。だから幼心に、大人はいつも働いているものだと思うようになったのだろう。

父は大学を卒業後、名古屋の繊維会社に就職したが、工場勤務で給料が安く、これでは生きていけないと考え、群馬大学で助手の仕事に就いた。その頃に母と出会い結婚したが、助手の生活も苦しいため、人の紹介で雀荘《ジャンそう》やゴルフ練習場の経営をはじめたという。

でもなかなかうまくいかず、その後は埼玉県桶川市にある三共理化学株式会社に勤務したが、子どもがふたり（わたしと兄）できたところで、また生活が苦しくなったため、結局は退職届を出した。

だが退職当日、経営者から下請けをやらないかと打診され、その誘いを受けた父は、それ以降は三栄工業所という名前で小さな町工場を経営し、77歳で引退するまでずっとその仕事をしていた。

朝早くから夜遅くまで、父は作業着が真っ黒になるまで仕事をしていた。

それでも、田舎の工場経営はなかなか大変なもので、労働基準監督署から始終呼び出しがかかっていた。もちろん、脱税などの不正をしていたわけではない。毎日真面目に働いているのだが、田舎の零細企業がなんとかやっていくためには、就業時間や就業規則など、労働基準法を厳密に守れない面がどうしても出てくるのが現実だったのだ。

つまり、家族とわずかな社員を守っていくためには、法律を100パーセント遵守するような状況ではいられないということだ。そうして、ことあるごとに労働基準監督署に呼び出されていた父の姿は、わたしから見れば、お上からいじめられているようにしか見えなかった。

そのためか、わたしはいつも、ことあるごとにマイノリティの側に気持ちが傾いてしまう。プロ野球でいうところのアンチ巨人みたいなもので、権力側や体制側に対する根強い反抗心のようなものがあるのだ。

思えば、わたしはいま箱根駅伝などに出場する法政大学陸上競技部長距離ブロックとユニフォームスポンサー契約を締結しているが、これは八王子に近い多摩キャンパスがあるのが直接の理由ではあるものの、やはり、近年は優勝から遠ざかっているチームだから応援したいという思いがあるからだ。

「おまえは医師のくせになにをいっているんだ」といわれるかもしれない。

確かに、医師には体制派の考え方をしている者が非常に多い。なぜなら、医師をしている時点で、不思議と世の中では成功者とみなされるからだ。内実は、惨めな生活を送っている医師も多いのだが、それでも周囲から「先生、先生」と呼ばれるために、自分が惨めであることに気づきにくいのかもしれない。

しかし、わたしに関していえば、生来の気質はもとより、思想信条としても骨の髄から「反権力」といえる。

いわゆる金や地位や権力を持ち、それを弱者に振りかざそうとする人間に対して、異常なまでの反抗心がある。

それは、真面目一辺倒に働き続けた父から、いつしか大きく影響を受け、またわたしの人生を決定的に方向づけた「異端」の資質の、ひとつの現れなのかもしれない。

人生には「どうにもならないこと」がある

中学と高校では剣道部に入部し、中学生のときはそれなりに打ち込んだ。

当時は、誰もが部活動をしなければならないという全体主義がまかり通っていたので、なにもしないわけにはいかなかったのだ。同級生の多くは野球やサッカーなどの集団スポーツをしていたが、わたしはあくまで〝個人〟でやりたかったので、剣道か柔道か陸上という選択肢となり、剣道を選んだのだった。

実はそのとき、剣道部に2歳上のある先輩が在籍していて、「かっこいいな」と憧れていたこともある。彼にはちょっとワルな雰囲気があり、一匹狼のように見えたのかもしれない。そのため、彼の姿に惹《ひ》かれて剣道部に入部したものの、その彼は補欠だったことがのちに判明するというオチもあった。

ちなみに、彼は社会に出ると、名古屋で人材派遣の会社を起こして大成功したので、わたしの人を見る目は曇っていなかったようだ。「この人はなにかやる男だ」と思わせる匂いを、本能的に嗅ぎ取っていたのだと思う。

そんな動機で入った剣道部で、わたし自身は補欠ではなく、はっきりいうと誰よりも強かった。そして、足利市の剣道大会の個人戦で優勝までして、市で誰よりも強い中学生であることを証明したのである。

わたしはいまも、人生でいちばん輝いて、自分自身を誇れる達成感を味わったのが、このときの優勝の瞬間だったと思っている。

だが、その話には続きがある。その後に行われた栃木県大会で、わたしはあっさりと1回戦負けしたのである。つまり、所詮はその程度の実力だったということだ。

そもそも剣道を選んだことにも通じているが、わたしは小さい頃から、勝負事が大好きだった。のちに触れる受験にもいえるのだが、勝ち負けがつくことに強く惹かれるのだ。

勝負事のなにがそんなに好きなのかというと、「ものごとにはいかんともしがたいことがある」という事実を、ストレートに感じられるのが勝負の世界だからである。

それこそ市大会で優勝しても、県大会でとてつもなく強い奴と相対すれば、瞬殺される。どうあがいても勝ち目がない、どれだけ練習しても勝てないことが肌で感じてわかる人間が、世の中にはいるのだ。

そんな体験をすると、「世の中にはどうにもならないことがある」「自分には向かないことがある」と学ぶことができる。そのための格好の場所が、勝負の世界なのである。

自分のなかの成功体験が、一瞬にして敗北感に取って代わる。そんな体験によって、なんでも一歩下がって世の中や周囲の人間を見る傾向に、ますます拍車がかかっていったと思う。

こうした世の中の真理を知ったことが、中学時代の語るに足る唯一の出来事だ。

嫌なことを我慢してやることはできない

人生でいちばん輝いていた時期は、すでに中学生の頃に過ぎ去り、高校時代について語れることはほとんどない。

ただこの時期に、自分の意外な資質に気づかされた出来事があった。なにかというと、わたしは意外と「アイデアマン」だったという事実である。

それは、文化祭のときだった。クラスの出し物でバンドをやろうということになり、楽器ができる数人を中心にバンドが結成され、残りの者は舞台の飾りつけなど裏方の仕事を担当することになった。だが、わたしはバンドなんて興味がなかったし、それを盛り上げるための飾りつけも、面白くないのでまっぴらごめんだった。

そこで、ひとりで占いの出し物をすることにしたのだ。

なぜ占いなのかというと、たまたま自宅に、地元で有名な占い師の姓名判断の本があり、気が向いたときにペラペラとめくっていたので、基本的な姓名判断の知識がそれなりに身についていたからだ。

それをひとりの出し物として、勝手に廊下にテーブルを置いてやってみたところ、「当たる、当たる」といって話題になり、2日目には、ほかの学校の生徒や大人も並ぶほどの活況を呈したのである。

このとき、どんなものごとであっても、やりながら、走らせながらコツを覚えていけばいいということも知った。

例えば、占いをうまくやるには、最後に前向きなメッセージをいってあげることがコツになる。姓名判断の結果を伝えると同時に、「これに気をつけると幸せになりますよ」「この部分を直していくと成功が近づきますよ」というようにつけ加えるわけである。

すると、終わりよければすべてよしで、「この占いはよかった」「この占いはよく当たる」という評価につながっていく。

考えてみれば、人間の心の状態は、感情的なときもあれば冷静なときもあり、そもそも白黒はっきり分けられるものではない。むしろグラデーションのようにあいまいであるがゆえに、どこに光を当てるかによって、占いの結果はなにかしら当たるようになっているのである。そんなメカニズムを、わたしは実際にやりながらつかんでいき、「どうすれば人が来てくれるのか」「どうすればお金を払ってくれるのか」を学ぶことができた。

いま思えば、それがわたしにとってはじめての「商売」だった。

人が人を連れて来て、バンドを見に来る人よりも、わたしの占いのほうがはるかに多く列をなした。そして、結果的に何千円も稼ぐことができたのである。

別に、「クラスの和を乱してやろう」と意図したわけではなかった。そもそも、クラスの和や集団活動自体に興味がないのだから、興味がないものに反抗してもなんの意味もない。

そうではなく、自分が嫌なことを、我慢してやることができなかったのだ。

いまでこそ、主体的な行動は教育現場で比較的認められる風潮になっているようだが、当時の学校では、勝手な行動が許される雰囲気はまったくなかった。しかし、やりたくないことを無理にやらされて、みんなと同じことを強制させられるのには、わたしはなんの意味も感じなかった。

人と協力することやチームワーク、コミュニケーションの大切さがよく謳《うた》われるものの、実際は、ただ集団のルールに従順な、牙を抜かれた人間をつくるだけという面もある。「もしかしたら、それは体制側の策略ではないか」とすらわたしは勘ぐってしまうのだ。

人は孤独な時間に自分と向き合う

わたしは、「きぬた歯科」で働く若い世代のスタッフに、「なるべくひとりの時間を持ったほうがいい」と伝えることがある。なぜなら、ひとりだけの孤独な時間にこそ、人は様々なことで悩み、それらについて考えざるを得なくなるからだ。

孤独な時間というのは、自分に向き合わざるを得なくなるため、自分にごまかしが利かなくなる。ごまかしが利かないから、その悩みを自分なりになんとかしようともがくことになる。その過程で、いろいろな考えや想像力が育まれる。

他人には出せない、自分だけの「思考の芽」が育ちやすくなるのだ。


逆に、いつも人と一緒にいると、知らないうちに自分の考えに蓋をしたり、思考を停止したりする恐れがある。人と話し、笑い合い、気分をすっきりさせるのはときに必要だが、そんなことばかり続けていると、いつしか孤独に耐えられない体質になっていく。

若者だけの話ではない。ビジネスパーソンのなかには、仕事を定時に終わらせてよく同僚と酒を飲みに行き、自分たちがお互いに変わらない存在であることを確かめ合っているような人間も多いと聞く。残念なことに、そんなことをしていてもなにも生まれない。組織のなかで小さな集まりをつくり、お互いの傷を舐《な》め合いながら一体感を深めても、現実にはなにも自分を成長させることはできず、ただ年齢を重ねていくだけだ。


先にも述べたが、わたしは小さい頃から、ひとりでいる時間が多かった。

保育園にいる時間もひとりで遊んでいた記憶があるし、小学校から帰って来たら、兄や妹と遊ぶことはもちろんあったが、友だちと外で遊ぶよりも家で過ごすことが多かった。

するとと、そんなひとりの時間に、子どもながらに考えることや気づくことがあった。

例えば、幼稚園に通う子どもたちの多くは、昼過ぎに親が迎えに来て家に帰っていく。しかし、保育園は夜の6時、7時くらいまで子どもを預かっているため、夜になるとやはり、なにかがおかしいと感じたものだ。

むかしの保育園は、はっきりいうと、生活が苦しい家庭の子どもが行かされる場所だった。

当時の田舎の小工場の経営状態など、いわば火の車であるのがつねであり、暮らしに余裕はなかったのが現実だったのだろう。父からそんな話をされたことはないが、おそらく子どもには隠したかったのだろうし、お金に余裕がないことくらいは、なんとなく感じていた。

家業が比較的うまく回り出したのは、わたしが中学生になった頃ではないか。

そんなことについても、わたしは小さい頃から、ひとりでいるときによく考えていた。


どうして貧しい家庭と裕福な家庭があるのだろうか？

それはいったい誰が決めているのか？

真面目に働けば金持ちになれるのだろうか？

ならば、うちの暮らしはなぜよくならないのか？


そんなことをつらつらと考えていたのも、ひとりで放っておかれる時間が、ほかの子どもたちよりも多かったからに違いない。


小学生のときにラジコンが流行ったことがあった。

でも、まわりの友だちはみんなお気に入りのラジコンを買ってもらっているのに、わたしだけ買ってもらえなかったのをよく覚えている。教育上の理由なのか、お金がないからなのかはわからないが、サッカーボールすら買ってもらえなかったから、単に余裕がなかったのだろう。

そんな我慢が多い生活のなかで、わたしはいつしか、「金持ちになりたい」と強く願うようになっていった。

まだ子どもだから、具体的に言語化していたわけではないが、単純にものを買ってもらえないという状況は、人をかなりハングリーな気持ちにさせる。

だから、すでに小学生の頃には、大人になったら誰からも認められる「立派な人間」になりたいと思っていた。

いま思うと恥ずかしいが、単純に、とにかく「金持ち」になりたかったのだ。

異端は広がりをつくっていく

ひとりで考え行動することは、単に周囲に反抗したり、逆に引きこもったりすることではない。

周囲の状況が気に入らないからといって、周囲に働きかけることまでやめてしまったら、それはただ、「ぼっち」になるだけだ。別にぼっちでも構わないのだが、どうせなら、孤独な時間にこそアイデアをひねり出し、自分なりの行動に変えてみてはどうだろうか。

わたしが高校の文化祭で勝手に占いの商売をはじめたとき、実に興味深い結果が待っていた。それは、周囲の人間とつるまないことによって、結果的にいろいろな人（お客）とかかわるようになったという事実である。

幼い頃からの、人とつるまない天《あま》の邪鬼《じゃく》的な気質から、ただ自分のためにやったことに対して、結果、多くの人が寄って来てくれたのである。これはわたしにとって、大きな気づきになった。

「人は、孤独になにかに打ち込んでいる人の姿を見ると、それに惹きつけられる不思議なメカニズムがあるのかもしれない」

第3章で詳しく述べるが、「きぬた歯科」の看板広告づくりでも、わたしは別に、人を笑わせてやろうと思ってやっているわけではない。かれこれ11年も看板広告をつくり続けてきたが、ただ自分自身と本気で闘い続けてきただけだ。

だが、そんな「きぬた歯科」の看板を見て、多くの人が笑い、話題にしてくれた。メディアで紹介されるにとどまらず、いまでは「キヌティスト」だの、「大日本きぬた連盟」だの、「きぬ活」だのと自称する「きぬた歯科オタク」が全国にたくさんいて、勝手に盛り上がって宣伝してくれる。

しまいには、「八王子きぬた院長を囲む会」を開催し、「そういうわけだからちょっと来てくれ」と、わたしをいきなり呼びつける始末である。

もちろん、「きぬた歯科」の看板広告を好きで寄って来てくれた人だから、きちんと対応するし、礼を尽くすようにしている。もちろん、その場で楽しく過ごしている。

だが、別に彼ら彼女らのようなファンをつくることを、はじめからPR戦略として狙っていたわけではない。わたしはただ、長年にわたり自分だけの闘いをしていただけなのに、自然発生的にまわりに人が集まってきてくれただけなのだ。

いまの時代は、商売をはじめるとすぐにSNSを駆使し、自分や、自社サービスをアピールしまくって、とにかくファンを増やそうとする人間が後を絶たない。

だが、大した魅力もインパクトも発信できていないのに、人とつるんでファンだけを増やそうという発想自体が幼稚に感じるのである。流行りの波に乗るだけの、インフルエンサーと称する者たちも同様だ。

孤独な生き方を貫くことで、人は「個性」を発揮できるようになり、どこか人間的な魅力を発するようになる。その結果、人との関係性が広がっていく面はあるのかもしれない。

あるいは、異端という存在は、世の中という池に放り込んだ、ひとつの石ころのようなものではないか。

石ころのつくった小さな波紋が水面に大きく広がっていくように、「異端は広がりをつくる」のかもしれない。

自分が変わらなければなにも変わらない

人間は社会的動物であるにもかかわらず、なぜ人は社会とつるまない孤独な人間に惹かれる面があるのか？　いろいろな分析ができると思うが、わたしは端的に、多くの人は常識的な人間であることに、実は心のどこかでうんざりしているのではないかと見ている。

いまという時代は、むしろ、強烈な個性とエネルギーを発し、どこか道に外れている人の近くにいたり、学びたいと感じたりする人が増えているように思う。

序章でも述べたように、「個」の時代に突入しているのだ。

逆にいえば、そんな存在に惹かれてしまう人が多いのは、自分の頭で考え、行動できる人間がかなり少ないからだと見ることもできる。だから、自分の頭で考えて行動できる人間に対して、強く惹かれてしまうのだろう。

世の中の多くの人間は能動的ではなく、むしろ周囲に影響されまくっている受動的な人が増えているようにわたしには思える。

かつてある有名な政治家が、「法律をつくるときは注意が必要だ。命じられたら、国民は本当になんでもやってしまうから」という趣旨の発言をしたという。よくいったものだが、確かに、日本人にはそんな国民性がある。

よく政府や政治家に対して「首相をやめろ！」「すぐ退陣せよ！」などと息巻く人がいるが、こうした人は自分の頭で考えない典型だ。「政治が悪い」「早く変えろ」といったところで、ならば誰が代わりにやればいいのか？　ほかの誰かに首をすげ替えたところで、世の中の仕組みや慣習が一気に変わって、みんなが正しいと思える方向へ進んでいくのかといえば、その程度のことで変わるわけはない。

そうではなく、あなた自身が変わり、あなた自身が行動しなければ、ものごとはなにひとつ変わらないのである。

ことあるごとに、政治が悪い、企業が悪い、法律が悪い、上司が悪い、部下が悪いなどと他者のせいにするのではなく、自分が自分のために変わることがなにより重要だ。

この国にたくさんの難題があるのは紛れもない事実だが、一般人の日々の仕事に関してだけいえば、ウクライナやガザ地区のように昼夜問わずミサイルが飛んでくるわけでもなく、飢饉《ききん》に見舞われているわけでもない状況で、あなたの商売を妨害する者など誰もいないではないか。

自分が頑張ればいくらでも稼げる状態にあるこんな平和過ぎる国で、なにかにつけて他者のせいにばかりしていると、時間だけが過ぎ去り、チャンスもどんどん減っていき、いつしかプライドまでが失われていく。

そうして、いつまでも解消されないもやもやした感情が澱《おり》のように心の奥底に溜《た》まっていき、その者の心身を蝕《むしば》んでいくから、他人を誹謗《ひぼう》中傷したり、罵詈《ばり》雑言を吐いたりするといった異様な言動につながっていくのだ。

だからこそ、あなたには、孤独のなかで思考し、たったひとりで行動することを恐れないでほしいと思う。

いまは、孤独に苦しむ子どもや若者もかなり増えているという。当然だが、ひどいいじめや虐待に遭っている状況なら、誰かの手を借りて、すぐにその場から逃げるべきだ。

でも、そこまでの状況でないならば、孤独であることは、人間の成長にとってむしろとてもいい状態だとわたしは思う。

はっきりいって、友だちなんてひとりもいなくていい。孤独は、自分ひとりで人生を決めて歩んでいくための最高のトレーニングになるのだから、逆に最上の状態ともいえる。

「人生は自分で決めるしかない」という覚悟も、いつしか定まるだろう。

人はある日突然変わるわけではなく、長く孤独な体験を通して、少しずつ変化していくものなのである。

大学受験に失敗して将来が崩れ去る

わたしの人生で最大の敗北の話をする。それは、大学受験の失敗である。

わたしが歯科医を目指したのは、共働きの両親を見ていた影響で、手に職をつけることを絶対条件にしていたからだ。手に職さえあれば、この身ひとつで誰に偉そうな命令をされることもなく、従順にならずに生きていけると考えたのだ。

ならば、ほかにも職業が思いつきそうなものだが、先に述べたように、わたしは「金持ち」になりたかったから、当時「手に職」のなかでもっともステータスが高かった弁護士と医師という職業に惹かれた。

さらに、同じ医師でも、国立大学医学部を卒業して医師になることがポイントだった。国立大学医学部のステータスはいまも高いが、それこそ当時は国立至上主義のような風潮があり、国立の医学部はいわば最強のブランドとみなされていた。

そこで、旧司法試験はかなり難関で無理そうだったので、わたしの理想の着地点は国立大学医学部入学となった。金持ちになりたいから医師を目指したのであり、かなり不純な動機である。ちなみに、親戚を見渡しても医師などひとりもいなかった。

わたしは自分なりにこの受験勉強に打ち込んだが、結果として、この勝負に敗れ去った。そのときの自分の学力ではどうにもならず、まったく結果を出せなかったのだ。

でも、この勝負には自分の将来がかかっている。そこで、親に頼み込んで浪人をさせてもらいリベンジを図ったが、またしても志望校に落ちて、無惨に敗れ去った。

いま思えば、そもそも不純な気持ちで臨んでいるわけだから、それではうまくいくわけがない。勝手に合格後の華やかな生活ばかりを夢見ながら勉強をしていたが、それでは医師を目指す動機としては弱く、気持ちのなかで逃避していたともいえる。

浪人しても成績が伸びずに、結局は挫折して、当時そこまで人気がなく、そこそこ勉強すれば入学できるような私立の歯科大学に入学することになった。

多くの時間とエネルギーを受験に費やし、それに向けて頑張ってきたわけだから、最終的に負けたのは大きな挫折体験となった。いま思えば、まだ19年しか生きていないのに、かなり凝り固まった考え方をしていたと思うが、当時はいきなり夢が断たれて、自分の将来が音を立てて崩れ去ったように感じられたものだ。

「世の中は、どれだけ自分の思いがあっても認めてくれない」

「自分の力ではどうにもならないことが、やっぱり世の中にはある」

そんな現実が、身に応えた。

いまだからいえることだが、勝負に負けるのは人生においてかなり重要なことだ。当時はそんな余裕はなかったが、人生の早い時期に最大の挫折を味わったことは、わたしにとっていい体験になった。

それこそ、世の中には大人になってから大きな挫折をして、心身がおかしくなってしまう人も多いようだ。特に一流大学を出たエリートほど、プライドが高いため、勤め先をリストラされたり、事業に失敗したりすると、途端に心がぽきっと折れてしまう。そんな人はわたしのまわりに何人もいる。

これはやはり、挫折を知らないまま大人になり、「負けること」に対する免疫がまったくないからだろう。

一般的に、40歳を過ぎてから大きく負けると、体力的にも精神的にも逆転がなかなかしづらくなってくる。だから、いろいろな意味で、できれば若いうちに失敗をたくさんするほうが学びは多いと思う。

大学受験に成功して明るい人生のレールに乗り、免疫もなにもない状態でいきなり追い詰められると、人は意外と逃げることができないようだ。ひどい場合には、自死や犯罪など最悪の方向へとあっさり歩を進めてしまうこともある。

実際のところ、一流大学を出たからといって、その後の人生がうまくいく保証などなにもないのだが、特にむかしは、「いい大学に行けばいい生活が待っている」と多くの人が信じ、国の積極的な取り組みもなされ、そのような空気が醸成されていた。

簡単にいうと、経済という戦争で戦える兵士をつくるために、ひたすら国民の牙を抜いていたのではないかと考える。そして、わたしも見事にそれに乗っかって、あっさりと国に騙《だま》されてしまっていたわけだ。

そのようなシステムにおいては、受験に失敗すると、即人生が終了し、あとは負け犬として生きていくしかないという発想になりかねない。

社会を知らない若者ならなおさらで、わたしもまた、勝負に負けた敗北感だけでなく、余計な挫折感までも味わったのであった。

自暴自棄に過ごした大学時代

私立の歯科大学に入学したわたしは、新潟市でひとり暮らしをすることになった。

ある日、部屋の近所にあったレンタルビデオ屋にふらっと入ると、目に飛び込んできたものがあった。わたしが高校時代に憧れた矢沢永吉の映画、『ＲＵＮ＆ＲＵＮ』のポスターだった。

コピーにはこう書かれていた。

「方向を見失った時　人間はいちばん苦しい――俺には音楽があった」

ファンはそれぞれの思いでこの言葉を読んだのだろうが、わたしにはかなり応えた。方向を見失うとは、まさに自分のことではないか。

しかも、彼とは違い、わたしにはすがるものなどなにもない。日常のなかの些細《ささい》な出来事だが、これにはかなり落ち込んでしまった。

大学生活についても、語るべきことはあまりない。当時、私立の歯科大学という場所は、学生の半分以上が、歯科医院の2代目、3代目だった。親が歯科医だから、自分もなんとなく歯科医になろうと考える者が過半数を占めている環境だ。彼ら彼女らは、わたしのように受験戦争に勝つことではなく、歯科医師免許さえ取れれば目的達成なのである。わたしとはそもそも目的意識が異なっていた。

一方で、国立や難関私立を目指していた挫折組も一定数いて、学生間の温度差がかなりあるのが、医学部や歯学部の特徴のひとつでもある。受験疲れと挫折感で落ち込んでいる者もいれば、親の後を継げるからラッキーと思ってキャンパスライフをエンジョイしている者もいて、生い立ちによってまったく様相が異なるのである。

ただし、両者にはたったひとつの共通点があった。

それは、全員プライドが高かったことだ。

これには生まれ育ちが関係していると思うが、社会に出て医師になると、彼ら彼女らはさらにプライドが高くなっていく。若いうちから先生と呼ばれて、ちやほやされるからだ。

わたしにいわせれば、当時の私立の医学部、とりわけ歯学部は、一部の大学を除いてたいてい受ければ入れるような学校ばかりだった。いまでこそ医学部は難関だが、わたしの周囲には、ろくに勉強をしてこなかった学生たちが本当にたくさんいて驚いたのである。

だからこそ、彼ら彼女らとの雰囲気や環境の落差を感じて、憂鬱な気分がますます深まっていった。

中学、高校、浪人生活と夢を描いて必死に勉強したのに、最終的には勝負に敗れて、努力がすべて無駄になったという徒労感が思いのほか残っていた。「自分の人生は、負けで決定だ」と思い込み、劣等感に押し潰されていた。

そんな劣等感を覚えるくらいだから、自分が通う大学を自分で馬鹿にしていた。そんな調子では、当然ほかの学生とまともな交流はできるはずもない。いま思うと、あまりに世の中を舐め切った生意気な若者だった。自分でぶっ飛ばしてやりたいくらいだ。

そんな絶望感からどんどん自暴自棄になっていったわたしは、勉強することをほとんどやめてしまった。

一般的に、医学部や歯学部は勉強量が多く、アルバイトなどをする時間もないといわれる。しかし、わたしはアルバイトどころか、よりによってパチンコにのめり込むようになってしまったのだ。

歯学部では、授業に一定時間出席しなければ、そもそも進級資格を失ってしまう。わたしは授業に出ずに、毎朝、開店2時間前から並ぶほどパチンコにハマっていたので、二度も留年してしまったのである。

当時は、スーパーコンビやアレジン、エキサイトなど、現在は禁止されているいわゆる「アレパチ」という台が席巻《せっけん》していた時代だった。

簡単にいうと、玉が入るとポケットが点灯し、連続点灯によって点数が入ると玉が出っぱなしになる仕組みであり、大当たりは約2000個が賞球される。これが連チャンで続いていくと、気持ちよ過ぎてやめられなくなるのである。あまりに射幸心を煽《あお》るため、のちに警察が介入して撤去されていくことになる台であった。

なぜ警察が介入したのかというと、この台に夢中になった親が、子どもを車に置きっぱなしにしてまでやり込んだことで、全国のパチンコ店の駐車場で子どもの死亡事故が次々と起きたからだ。要は、世論の反発に押されたのである。

わたしもハマった口だから、そんな親たちの精神状態がよくわかるのだが、完全な中毒状態といっていいだろう。つまりは、子どものことが気になりながらも、頭のなかの大半は、「あの台が出るんじゃないか」「あと少しで当たるんじゃないか」などと、パチンコのことばかりを考えるようになってしまう。

パチンコ以外のことを考えられなくなるほどの状態に陥り、いったんそのヤバい状態になると、自分の意思で台から離れるのは至難の業となるのである。

必要に駆られて立てた「怒りの看板」

大学で友だちもできず、朝からひとりでパチンコに並ぶような日々でも、まったくのひとりきりというわけではなかった。パチンコに注ぎ込む金をつくるために、わたしは近所の消費者金融にまで手を出していたが、なぜかその業者のお兄さんに好かれていたのである。

その流れで、彼らが経営する夜の店にも出入りするようになり、その周辺の人たちから可愛《かわい》がってもらうようになった。ときには店のママと経営者がベッドの上でデキているのを、どういう経緯か忘れたが目の当たりにしたこともあった。学校には行かないのに、夜の店には毎日出入りしていたから、それはそれで居場所らしきものはあったのかもしれない。

なぜ消費者金融業者のお兄さんに好かれたのかは、わからない。多分、歯科大学生にしてはいい加減な、変わった奴だと思われたというところだろう。

こんな出来事もあった。わたしが住んでいたアパートの目の前に、ホテル新潟（現

ＡＮＡクラウンプラザホテル新潟）という大きなホテルの駐車場があり、そのだだっ広い駐車場の一角に、わたしの月極《つきぎめ》駐車スペースを契約していた時期があった。でも、かなりの頻度で、宿泊客が間違えて、そのスペースに駐車してしまうのである。

そこで思案したわたしは、プラスチックのプレートを買ってきて、ペンキで「〇〇組」と架空の反社会的勢力の名前を書き、駐車スペースに立てたのだ。いま思えばとんでもないことをしたと思うが、効果はてきめんだった。

すると、それを見た消費者金融業者のお兄さんたちが、「君、なかなか面白いね」と反応して、可愛がってもらえるようになった経緯もあった。彼らは反社会的勢力ではなかったと思うが、そんなこともあって仲良くなってしまった。


ここでも、別に誰かを面白がらせようとして、そんなことをしたわけではない。ただ、勝手に駐車されることに怒っていただけである。

でも、あの高校の文化祭のときと同じく、まわりが勝手に面白い奴だなと興味を持って寄って来た。わたしはもともと攻撃的な性格でもないので、警戒心を持たずに寄って来る人間が一定数いるのだろう。

いま思えば、あれがわたしにとっての「看板人生」のはじまりである。目的を持って看板を立て、強烈なメッセージを伝えれば、見る者は必ずなにかしらの反応をすると、直感的に感じたのかもしれない。

勉強もせず、毎日そんなことをして過ごしていたわたしは、やっぱり風変わりな人間だったのだろう。

現実はすべて思いとは逆となった

夜の世界を通して他者とかかわっていても、わたしは所詮ただの学生であり、そんな生活をいつまでも続けてはいけないし、続けていくつもりもなかった。

敗北感や劣等感に苛まれ、毎日悶々《もんもん》としながらも、心のどこかでは「なんとか這《は》い上がる方法はないか」と考えていた。

わたしは、これまでの運転免許証をなんとなく捨てずに手元に残しているのだが、大学生のときのわたしは、50代後半のいまよりも老けていてびっくりする。まるで指名手配犯のような顔をしていて、道ですれ違ったら、「怖い」と思わせるような顔をしているのだ。にらみつけるような怖い顔ではなく、「刺されるんじゃないか」と人に思わせる、いわゆる危ない顔ってやつだ。思い詰め過ぎていて、おそらく精神的に病んでいたのだろう。以前、警視庁の知り合いに聞いたことがあるのだが、基本的に殺しというものは、思い詰めた果てにやってしまうことが多いという。衝動的に殺してしまう場合もあるが、たいてい殺す側にも一分の理があり（もちろん理があっても許されないことだが）、いろいろ思い詰めたうえで殺人を犯してしまうのである。全部が全部ではないが、殺人者の事情を取り調べていくと、同情する部分がある人間も多いという。

同じく、自死を選ぶ人間も深く思い詰めていく。わたしも当時はかなり思い詰めていたから、その話を聞いたとき、同じ次元とはいえないものの、どこか納得するものがあった。

それこそ10代の頃、わたしは非常に薄っぺらで安っぽいサクセスストーリーを描き、その価値観のなかだけで生きていた。未熟といえばそれまでだが、国立の医学部というブランドを得て、美容整形外科医かなにかになり、金をたんまり儲けて、エルメスを着て、フェラーリに乗って、都内の豪邸に住み、夜な夜な遊びまくるというような、笑えるストーリーを本気で描いていたのだ。

だが、現実はすべて真逆になった。

勝手に描いたストーリーとはいえ、10代のわたしがそれなりに真剣につくりあげた価値観がすべてひっくり返ってしまうと、残りの人生をどのように生きていけばいいのかわからなくなった。


あれだけの努力をしたのになぜこんなことになるのか？

結局、なんのために受験勉強などしたのか？


言葉にならない徒労感に生活全体が包まれていった。

「こんなことになるくらいなら、高卒で伸び代があるときに社会に出て、手に職をつけて稼いだほうがよかったな」なんてことを思ってばかりいた。

過ぎ去ったことを悔やんでも意味はないが、そのどうにもならないことを延々と考えてしまうわけである。ひとつの人生しか生きられないのに、「別の生き方があったんじゃないか」などとつい考えてしまう。

そしてわたしには、いまだにそんな傾向があると感じるときがある。

苦しみの果てのあっけない幕切れ

そんな鬱々とした精神状態に輪をかけるように、大学3年生の頃、歯科医師過剰問題が突然世の中でいわれるようになった。全国で歯科医院がばたばたと潰れはじめ、「歯医者はもうヤバい。稼げない」というトーンでマスコミが騒ぎ出して、社会問題化したのだ。

それまでの歯科医は華やかなイメージだったが、なんとなくいまいちな職業という共通認識が広がっていき、歯科医師免許を取ったところで結局、お先真っ暗に思えて、余計に憂鬱になった。

歯科医をあきらめたところで、大した就職先はない。就職できたとしても、その先の華やかな結果は期待できない。歯科医で成功できるのか？　いや、そもそも歯科医で飯が食えるのか？　わたしは、さらに自分を追い詰めていった。

さらに情けないことに、退学寸前の身であることで相当遅れをとっていたが、あらためて大学卒業に向けて、とにかく猛勉強することにしたのだった。

歯科医師国家試験は2日間にわたって行われる。

2日目の試験を終えたとき、試験会場の外へ出たら小雨が降っていた。


「終わりって結構あっけないんだな」


そんなことを思った。

受験勉強の挫折や、悶々とした思いで過ごした学生生活など、暗い出来事がいろいろあったが、それでも時間はあっけなく過ぎ去り、結局わたしは歯科医になるための試験を受けて、静かな小雨が降るなかをひとりで帰途についているのだった。

「これでいったんは区切りがついた」


そんな気持ちだった。

今後の決意などという元気はもう残っておらず、ほっとした気持ちのほうが大きかった。

その先に明るい未来があるのかといえば、そんなものは期待できなかったが、いったん最悪の事態は脱したのかもしれないと感じた。

不思議なことに、試験会場の周囲のどこにも、人がいなかった。友だちや知り合いがいないという意味ではなく、文字通り、まわりに誰もいなかったのである。試験会場は日本歯科大学で、新潟大学歯学部と日本歯科大学の生徒が集まって受験したから相当な大人数だったはずだが、試験が終わって外へ出ると、そこには自分しかいなかった。


わたしがいちばん最初に会場を出たのか？

または、みんなが帰ったあとで最後に出たのか？

あるいは、間違って別の出口を出たのか？


試験を余裕でこなして、意気揚々としていたわけではないので、最初に会場を出たとは思えない。でも、かなりの人数だったから、すべての人が出て最後だったということも考えにくい。ならば、やはり出口を間違ってしまったのだろうか？

しかも、学生だけでなく、職員もいなければ、試験監督もいなかった。その風景がいまも頭に焼きついていて、ときどき頭のなかに蘇《よみがえ》るのだが、あれはいったいなんだったのか？

いまも謎のままである。

いずれにせよ、そこには語り合う友もいなければ、苦楽をともにした仲間もおらず、小雨が降るなかひとりで部屋に帰ったのだった。


そんな大学時代にわたしが得たものは、月並みではあるが、挫折した人間や失敗した人間の気持ちがわかったということだ。

わたしはもともと他人に興味がある人間ではなく、世の中というものは、自分の人生だけでつくられていた。

だが、受験に失敗してはじめて、他人を顧みることができた。自分が惨めで苦しい失敗をしたから、世の中には苦しい人たちがたくさんいるという事実に目を向けられるようになった。この体験は、その後の人生にかなり役立つことになる。

歯科医として働くために上京した春、東京に住んでいた高校時代の同級生たちが、渋谷で歓迎会を開いてくれた。

高校時代にたびたび東京へ遊びに来ていたが、大学時代は一度も行かなかったので、むかし見た風景と違うことにすぐに気づいた。流行や雰囲気も変わり、いつの間にかひとつの時代が過ぎ去っていたことを、わたしはようやく悟った。

そこには自分が与《あずか》り知らない、未知の空気感があった。

「刑務所から出所した人ってこんな気持ちなのではないか」

わたしはそんなことを考えていた。

第2章

やられたら、やり返す

商店街のさびれた歯科医院に就職

大学を卒業したわたしは、ついに歯科医として働くことになった。

歯科大学生は、歯科医師国家試験を受ける前に、就職先を決めておくのが通常の流れである。だが、わたしは試験勉強の出遅れが響き、国家試験の前に就職先を決める時間もエネルギーもなかった。

そのため、試験に合格してから就職先を探したのだが、歯科医師過剰問題の影響は大きく、すでに就職口はあらかた埋まっている状況だった。

残っていたのは、給料が15万円で各種手当もないような小さな歯科医院ばかりである。そんなところに勤めると、親からの仕送りに頼ることになってしまう。

どうしようかと途方に暮れていたとき、偶然にも東京・江戸川区に、給料25万円の歯科医院を見つけることができた。もちろん住宅手当なし、ボーナスなしだったが、その時期にこの給料の就職口が残っているのは奇跡的だった。

でも面接に行くと、求人が埋まらずに残っている理由に気づかされることになる。

そこは古いマンションが建つ商店街にある、両隣を魚屋と八百屋に挟まれた小さな歯科医院だった。電飾が壊れている小さな錆《さ》びた〝看板〟があり、かろうじてそこが歯科医院とわかるような有り様だ。

看板くらい直せばいいものを、そのままの状態で放置されていた。

歯学部を出て、それなりの夢を持って社会に出ようとしている人間にとっては、外観だけで入るのに少し躊躇《ちゅうちょ》してしまうような医院だった。そう、だから求人が残っていたのかもしれない。ものごとには、しかるべき理由がある。

わたしも思わず回れ右をしようかと思ったが、ほかに行く当てはない。そこで、気持ちが晴れないまま、その歯科医院のドアに手をかけると、意外や意外、元気で明るくキャラが立った院長が出迎えてくれたのである。これは予想外で驚いたが、久しぶりに前向きな感じの人間に会ったような気がしたのだった。

ただ、その時期は院長が分院をオープンさせた頃で、院長がふたつの医院を掛け持ちすることになり、わたしは1週間のうちの3日〜4日を、ひとりでこなすことになった。

いま思えばそれはそれでいい体験だったが、面接時はそんなこととはつゆ知らず、帰り道のさびれた商店街を歩きながら、「俺の歯科医師人生はここじゃないだろう」と感じた。まだ何者でもないのにかなり生意気な話だが、古いマンションが建つ商店街の雰囲気がそう思わせたのかもしれない。わたしは、もっと華々しい人生を夢見ていたのだ。

ちなみに、この先生とは現在も仲良くしていただいている。

面接を終えて商店街を出ると、またしても静かに雨が降りはじめていた。

小雨が降るなか、バス停で次に来るバスを待っていると、隣に座っていた疲れた顔のおじさんが話しかけてきた。聞いてみると、再就職先の面接だったという。

「ほんと厳しい世の中だよねえ。君はまだ若いけどなにしているの?」

わたしが「これから歯医者になるんです」と答えると、彼は苦笑いをして、こんなことをつぶやいた。

「歯医者も不景気で大変だよね。よく潰れているよね」

いつの間にか雨は強くなっていた。

篠突《しのつ》く雨が拍車をかけたのか、わたしはますます憂鬱な気持ちになりながら、帰途についたのだった。

誰もいなければ自分がやるしかない

思い返すと、豪快な性格の院長がいるような就労環境は、わたしにとって結果的によかったのだと思う。

性格的には馬が合ったたし、院長は分院へ出かけていることがあるので、ひとりきりで追い詰められた状況になるからである。院長がいなければ自分がやるしかない。「親知らずを抜いてほしい」という患者さんが来たら、もうわたしが抜くしかないのだ。

そんなことを毎日続けていたおかげで、あらゆる医療行為をスピーディーに経験することができた。ほかの医院の新人歯科医に比べても、相当、早めに仕上がったと思う。

いまの時代なら、それは部下や選手一人ひとりの自主性を尊重して結果を出す、「任せるマネジメント」だと称賛されるかもしれないが、わたしの場合は、ただ必死でやっていただけだった。院長には感謝しているが、まだ新人だったのだから、緊張感がある環境でよく頑張ったものである。

現在、西八王子の「きぬた歯科」には歯科医師や歯科衛生士など50名以上が在籍し、日々の診療行為や運営をある程度任せているが、若いときの経験から、わたしは職住近接を維持し、なにかあればすぐ医院へ行ける状態をつくっている。スタッフに任せるのはいいのだが、緊張感が抜けてはいけないと考えているからだ。

実際、わたし自身が休日でも、たまに家から医院の様子を突然、見に行くことがある。すると、スタッフにとっては「院長は休みでもいつ来るかわからない」状況になるため、緊張感が抜けないのである。

労働集約型の職業全般にいえることだが、歯科医院でも、分院展開するところはたいてい質が落ちて駄目になる傾向がある。

ファミリーレストランやファストフード店などでは、全店共通のレシピやマニュアルをつくり、誰の仕事でも一定の質が保てるように効率化できるが、医療行為はそうはいかない。患者によってそれぞれ症状が違うため、一律のマニュアルをつくっても、その通りに診察・治療できるとは限らないからだ。

そのため、病院は規模を広げることで利益を追求することが簡単にできないし、そんなことをしてもリスクが増えるだけとなる。

人に任せるよりも自分を頼ったほうがいいだろうし、もし人に任せるなら、つねに責任者は目が届く場所にいることが鉄則と考えている。

中途半端に儲けると商売は落ち目になる

商店街のさびれた歯科医院で、およそ3年間、わたしは脇目も振らず朝から晩まで働いた。院長にいろいろなことを任せてもらい、それをひとりでこなしながら、自分のスキルを磨き続けた。

同時に、いずれ必要になる開業資金を貯《た》めるために、食費を切り詰め、シャケとちくわとから揚げつきのいちばんお得なのり弁当（当時で430円）を、週3回は食べていた。毎日自転車で通勤し、女遊びも一切しなかった。仕事で使う体力を、無駄に消耗したくなかったからだ。

もちろん、そのほかの生活費も節約し、江戸川区中葛西7丁目にあった家賃5万7000円の「コーポ田中」というアパートの部屋ではゴキブリを300匹以上は見た（現在は駐車場になっている）。

頭がどうにかなりそうだった。

これらの若き日々を、世間では「青春の日々」などというのかもしれない。でも、わたしのなかには浪人時代からの深い憂鬱が蓄積しているだけでなく、まだ継続していて、はっきりいって「暗い日々」としかいいようがなかった。

その憂鬱な気持ちは、いまでもさほど変わらないが、これについてはのちに述べる。

毎日ハードワークをしながら、わたしはどうすれば患者がたくさん来る歯科医院をつくれるのかだけを考え、模索していた。

歯科医院には、歯科材料メーカーの営業やディーラーが頻繁にやって来るのだが、彼ら彼女らからいまどこの医院が流行っているのかを聞き出し、それらの歯科医院を休みの日にリサーチしに行った。外観やロケーションから流行っている理由を自分なりに考察し、あらゆる手段で調べまくるのである。

そんな折、勤務する歯科医院の近くに新しい歯科医院がオープンし、かなり人を集めるようになっていた。真新しい建物で清潔感があり、保育スタッフがいたり、夜遅くまで診察していたりと工夫している様子がうかがえた。小さな駐車場には、インパクト十分な大きな歯ブラシのオブジェが置かれていた。

だが、所詮はその程度の工夫であり、そんなものは誰にでも真似できると思った。

「もっともっと儲かるためには、いったいどんな歯医者であればいいのだろう?」

おそらく、その歯科医院の院長も、なぜ自分の医院が流行っているのかよくわからなかったのではないか。その証拠に、わたしは10年ほど前、かつてわたしがリサーチしに行った歯科医院の現状を確かめたことがあるが、見事にすべての医院が斜陽化していたのだ。

このように、当時はなぜ流行っているのかよくわからない歯科医院が多かった。というよりも、そんな歯科医院ばかりだった。公平にいうと、わたしにもその理由は、まだよくわかっていなかった。

葛飾区の京成立石駅近くに、「すごい歯医者」があると聞いて見に行ったこともよく覚えている。でも、行ってみると、環状七号線沿いの建物は、もとは白い外壁が車の排気ガスで汚れて薄黒くなっており、緻密なブランディングなどもしているようには見えず、なぜ流行っているのかまったく理解できなかった。

なんらかの答えを推測するなら、多分、院長がパワフルで気合が入った人だったのだろう。

これは飲食業や水商売などに顕著だが、オーナーや店長の気合が入っている店は、やはりそれなりにお客がやって来る傾向にある。

独立開業した歯科医院も同じで、気合レベルでやっていた人たちがうまくやっているうちに、年齢とともに少しずつ気力が途切れてきて、モチベーションが下がっていき、それとともに患者も減っていくという、その程度の話だったのではないか。

これはどんな商売にもいえるが、ある程度お金に不自由しなくなると、モチベーションが下がる人間はかなり多いものだ。

順調に利益を出して儲けることができると、ほとんどの人間は、なぜか高級車を買い、豪邸を買い、高級レストランで食事をし、頻繁に海外へ遊びに行くようになる。それと反比例して、仕事に対するモチベーションが減っていき、ルーティーンで流しはじめるようになるのだ。

それは、客商売では致命的である。

そうして、いつしか患者が減っていく様子を、まるで他人事《ひとごと》のように眺めながら、気力を振り絞ることもできず、「まあ、いいか」とあきらめるようになってしまうのである。

わたしが調べた、かつて流行っていた医院には、特別おかしな問題があったわけではない。患者に対して失礼なわけでもなく、事故を起こしたわけでもなく、いまも地道に営業している医院もある。

ただ、いずれかの時点で、なんとなく商売を流すようになってしまったのだろう。

跳ぶ前に、屈み込め！

なぜ、人によってモチベーションを持ち続けられる人と、それができない人に分かれてしまうのだろうか。

わかりやすく英会話を例にしてみよう。

わたしが思うに、「外国人と旅行先で会話したい」「日常会話を楽しみたい」といったレベルで勉強していても、英語をマスターするのはかなり難しいのではないかということだ。

そうではなく、例えば会社で抜擢《ばってき》されて海外赴任したのに、ビジネス英語が下手過ぎて笑い者にされたり、人前で恥を晒《さら》したりするような屈辱的な経験をしたとき、ようやく「絶対に英語をマスターしてやる！」と、本気で道を歩み出せるのではないか。

勉強に限らず、仕事や習いごと、コミュニケーションでも同様だ。なにかを身につける際には、やはり自分にとってトラウマになるほどの嫌な思いを体験しなければ、なかなか長期にわたってモチベーションを保ち続けるのは難しいのである。


わたしの場合、受験勉強の挫折体験が、いまもまるで昨日のことのように鮮烈に心のなかに残っていて、それらが拡大再生産されて、いまも夢に出てくるほどである。

58歳にもなって、やれ共通第1次学力試験（現大学入学共通テスト）の制限時間に間に合わないとか、大学の進級試験の勉強に追いつかなくて留年するとか、歯科医師国家試験に不合格になりそうだとか、いまだにパニックに陥るような悪夢にうなされて目覚める始末である。

学生時代、近くには新潟大学のキャンパスもあり、特に新潟大学医学部には首都圏の進学校から優秀な学生が集まり、街を闊歩《かっぽ》していた。わたしとは違い、彼ら彼女らは見た目からスマートで、持ち物ひとつとってもセンスがあって、小さい頃から英才教育を受けてきたような学生たちばかりだった。

そんな者たちと、たまたま西堀通りの居酒屋「秋吉」で隣同士の席になったときの光景がいまも頭のなかにこびりついたまま、ずっと離れずに居残っている。

わたしだって、本来は誇り高い人間のはずだ。しかし、彼ら彼女らの生まれ育ちや、もともと持っているセンスや知能というものが、単純な努力では覆せないものだということが、ありありとわかってしまうのだ。

「自分は自分、他人は他人」とは簡単に納得できない世の不条理を感じさせられて、無力感にとらわれる感じといえばいいだろうか。それらは努力というレベルではなく、いわば宿命や運命に近いものであり、現実に存在するギャップをまざまざと感じさせられて、気が滅入《めい》ってしまうわけである。

そんな体験をし続けてきた者と、そうでない者、またそれをずっと忘れないでいられる者と、あっさりあきらめてしまう者とのあいだで、モチベーションが分かれるのは当然のことである。

そんなトラウマや繰り返される悪夢が、逆に日中の世界でモチベーションに変わっていったのは、ようやく独立開業してからのことだった。

勤務医の頃は3年間、朝から晩まで働いてスキルを高めていくのに精一杯だったが、開業すれば、次はそんな自分自身が看板になる。

つまり、はじめてフラットな状態で同業者とスタートラインに立てることになったのだ。

もちろん、もともと家が裕福な歯科医院でその後を継ぐ者や、東京都の港区あたりに医院を構えてスタートできる者とは歴然たる差があるわけだが、それでも経営者としては同じ位置に立つこととなる。

つまり、ようやくリターンマッチができるということである。なにに対するリターンなのかは茫漠《ぼうばく》としていたが、いずれにせよ自分自身に対しても決着をつけるしかないのは確かだった。

わたしは、人が大きく跳躍するには、いったん深く屈《かが》み込まなければ大きなエネルギーは得られないと考えている。直立状態のまま跳躍しても大したことはないが、体を丸めて屈み込み、一気に跳び上がれば、より高く跳び出すことができる。

わたしにとっては、受験に失敗したときから開業するまでの期間が、ひとりでひたすらエネルギーを蓄積していた時代だったのだと振り返ることができる。

無論、これは人それぞれの性格が大きく関係するが、基本的には、「いまに見ていろ！」という気概や反骨心の有無が、勝負の分かれ目になることは多いのではないだろうか。

わたしもまさに、もともと成功が約束されているエリートたちに対して、「おまえらなどに負けてたまるか！」と思い続けていたのだ。

西八王子駅前からの宣戦布告

現在も医院を構える中央線の西八王子駅前に開業したのは、たまたまの成り行きだった。

歯科医として勤務し2年半が過ぎた頃、わたしは自分の開業場所を見つけるために、中古車情報誌『カーセンサー』で１００万円の三菱ディアマンテを見つけて購入し、休日にたくさんの物件を見て回っていた。

そのとき、医院に出入りしていた同い年の歯科メーカーが、親切にもいろいろと優良物件の情報をくれるようになっていた。一緒に50カ所以上は内見して回り、気も合う人だったので応援してくれているのだと感じていたが、心のなかでは、「どうしてこんなに熱心なのだろう?」とは思っていた。

実のところ、彼は内装業者から常時キックバックを受けていたことがのちに判明することになる。その金で愛人を囲い、高級外車を乗り回して、内装業者によると愛人宅の工事までやらされたとのことである。結果、会社にバレてクビになったが、わたし自身はなにも恨みはない。

なぜなら、彼のおかげで西八王子に開業できたからだ。


当時のわたしは、中央線が凄い沿線だとは思ってもいなかった。

だが、10年ほど前に調べたときですら、ＪＲ東日本路線内では世帯年収の多い人がもっとも住む沿線だった。

つまり、新宿駅から高尾駅のあいだにある、中野、荻窪、吉祥寺、三鷹、国立駅あたりのエリアには、金持ちが集まっているのだ。港区の住人のほうが収入は多いはずだが、中央線沿線には「土地成金」なども多いのかもしれない。

また、「きぬた歯科」は駅前にあるので商圏が広く、中央線沿線から患者が簡単に来院することができた。これが京王線や東武東上線だったら、現在のような収益は上げられなかったはずだ。

人から「よく、いまの場所に目をつけたね？」といわれることがあるが、はっきりいって偶然以外のなにものでもない。

先の歯科メーカーの事務所で休憩していたとき、たまたまファクスで送信されてきたのが西八王子の物件で、駅前で立地がよかったので決めたのだが、この判断はかなり大きかった。

それこそ運としかいいようがないが、その運を引き寄せたのは、それまで休日をすべて潰し、数え切れないほどしらみつぶしに物件を見て回っていた、地道な行動のおかげだったともいえるだろう。

そうして、いよいよ開業を1週間後に控えたわたしは、プレッシャーから誰とも会いたくないし、口もききたくない状態になっていた。それまでなにひとつ結果を出せなかったため、開業は、ついに自分で舞台を整えて臨む敗者復活戦のスタートだったからである。

歯科医師が開業すること自体は、歯学部を卒業し、歯科医師国家試験に合格すれば誰にでもできるので、なにも特別なことではない。だからこそ、明確な敗者復活を果たすためには、ほかの誰よりも成功する必要があると考えていた。

エリートの家に生まれ、エリートとして育った、ほかの同業者の誰よりも——。

開業前日に受けたアポイントメントは、たったひとりだった。当時西八王子にあった職業安定所に勤める職員だった女性だ。いまでもその方の名前を覚えている。

そのひとりの患者から、わたしの本当の意味での歯科医人生がはじまった。

「きぬた歯科」は現代の蟹工船か？

ようやく歯科医人生の一歩を踏み出しても、以前と変わらず朝から晩まで働き詰めの、報いの少ない日々は変わらなかった。なぜなら、当時は保険診療の治療しかできなかったため、お金が貯まらない事業構造になっていたからである。

規模を拡大することはできる。しかし、増床して（幸い景気が悪くビルのほかのテナントがどんどん抜けていた）、設備投資を倍に拡大しても、単純に利益が倍になることはない。

先に述べたように、歯科医院は労働集約型産業であり、保険診療の売り上げが増えても、そのぶんスタッフも増員する必要があり、収益の多くが人件費で消えていく。いいところ、利益は１・３倍程度に留《とど》まってしまう。

いまだに屈辱的なのは、設備投資でどうしても２００万円が必要になり、地元の八王子信用金庫に融資を申し出たとき、担当者が完全にわたしを舐め切った態度で扱ったことだ。

「あなたに２００万円が本当に返せるの？」といわんばかりの偉そうな態度で、かなり頭にきたが、どうにか頼み込んで融資を受けたこともあった。ちなみにその信用金庫は、のちに多摩中央信用金庫、太平信用金庫と合併し、この世から消えることになる。

要するに、当時歯科医として利益を上げる手段は手詰まりの状態だったといえる。

わたしは来る日も来る日も患者の傷んだ歯を削り、埋める作業を繰り返した。

「ここは蟹《かに》工船なのか？」

「わたしは現代の『女工哀史』なのか？」

そんなことを思いながら、ひたすら働き続けていた。

加えて、長年ひとりで生きてきたせいか、スタッフとの人間関係もうまく築けなかった。歯科医同士で意見の違いを解消できなかったり、ひどいときは、スタッフが団結して、「給料を上げるか、勤務時間を減らさなければ全員退職する」と迫ってきたりしたこともあった。

わたしには、「稼ぎたいならこのくらい働いて当然だ」という考えがあったのだが、いま思えば、誰もがそうした考えで生きているわけではないことに気づけなかったのだ。

結局のところ、どんなビジネスでも、スタッフは自分を映す鏡みたいなものである。

自分に問題があるから、問題を起こしがちなスタッフと仕事をすることになる。当時は「とんでもないスタッフだな」と思ったが、自分のレベルに見合った者しか寄って来ないのならば、原因は自分以外になかったということである。

悩ましいのは、仮にいいスタッフがいても、自分が未成熟な状態では、そうした者たちとつきあうのもなかなか難しいということである。

そんなぐちゃぐちゃで混沌とした時期が、数年続くことになった。

それでも自分の医院なのだから、わたしは単に、自分の努力が足りないのだと思っていた。「もっと工夫すれば変わるのではないか」「起死回生のアイデアがあるのではないか」とずっと考えていた。

だが、残念なことにそれがなにかがわからない。

目一杯働いていたので、時間に関しては工夫しようがなかった。規模を拡大しても利益は上がらなかった。どれだけ頑張っても、1カ月に60万円程度しか残らなかった。

いったいなぜなのだろう？　その理由がわからず、ますます気が滅入っていった。努力とリスクに見合う収入がなく、当然ボーナスもない。さらに開業にあたって、すでに2800万円もの借金を抱えていた。

人間は実に弱い生き物で、頑張っているのに手元のお金が増えないと、「自分は社会から必要とされていないのでは」と、自分で自分を追い込んでいくものである。要は、自信もプライドも失われていくわけだ。

その意味で、当時のわたしは、ひとりの人間として、また男としてのプライドを確実に失いつつあった。

「なるほど、俺の人生はこんなものだったのか。ただ借金を返すために働いて、60歳を過ぎればそんな職業人生も終わるんだな」と、週一の休診日には気持ちが沈んで、毎週「サザエさん症候群」になった。

「結局、大した人生ではなかったんだな……」

そんな気持ちを引きずりながら、毎日、傷んだ歯を削っては埋めることを繰り返していた。

インプラント治療との出会いと顔面神経麻痺

しかし、なにが起こるのかわからないのが人生だ。

わたしにとって起死回生となる出来事が、まさに突然、起きたのである。

ときは1998年、それまで通ってくれていた入れ歯の患者が、「こちらでインプラントはできないの?」と聞いてきたのである。そして、ほかにもインプラント治療について尋ねる患者が、たった2カ月くらいのあいだに6人ほど現れたのだ。半分は飛び入りで、もう半分はすでに自分の患者だった。

このときわたしは、「インプラントは危ないですよ」と答えていた。

危ないもなにも、自分が治療できないのだから、危ないというしかないわけである。すると、驚いたことに、飛び入りの患者どころか、これまで通ってくれていた患者まで、しばらくすると来院しなくなってしまったのだ。

わたしは、「時代は完全にインプラントに向かっているのだ」と直感した。

だが当時、インプラント治療は黎明《れいめい》期で、技術を身につけたくても学べる場所はかなり限られていた。調べてみると、埼玉県浦和市(現さいたま市)に「波多野歯科医院」という、日本でも先駆けのセミナーを開いている医院があるというではないか。早速そのセミナーに申し込もうとしたが、20人程度の定員がすでに満員になっていた。

「やっぱりこのインプラントの流れは間違いない」

そう確信したわたしは、幸運にも翌年の1999年に勉強しに行くことができた。

講義は1回10万円で全10回。計約100万円をかけてインプラント治療の知識を学び、豚の顎骨などを使って実習を繰り返し、術式を習得することができた。

だが、インプラントは、いきなりわたしひとりでできるような簡単な治療法ではない。これでは、せっかくインプラントを学んでも、実際に患者を診ることができない。困ったことになったと思っていたところ、「波多野歯科医院」で7年間学び、インプラント治療に習熟した医師が、ちょうどアメリカ留学から帰って来たとの知らせが入った。彼は新潟大学を出ていて、たまたま新潟でちょっとした面識があった人間だ。

すぐに連絡を取って様子を尋ねると、開業したいが場所は慎重に探したいとのことだった。「渡りに船」と思ったわたしは、「うちでインプラント治療をしながら、じっくり開業場所を探しませんか?」と誘ったのである。

そうして彼の横について、実地でインプラント治療を教えてもらいながら、スキルを磨いていくことになる。

やがて、わたし自身もインプラント治療を手がけるようになり、その数カ月後には、インプラント治療を希望する患者が次々と来院してくれるようになった。

患者のみなさんには本当に感謝しかないのだが、どの人も自分の歯に対する意識が高く、それだけ多くの人が入れ歯を嫌っていたのである。

その後も、インプラント治療を希望する患者は引きも切らず、完全にわたしのスイッチが入った。

「これはまったく違うフェーズに入った」

「いまのうちに『インプラントはきぬた歯科』と覚えてもらったら、とんでもない世界を見ることができる」

興奮した。

あまりに急激に興奮し過ぎたため、わたしは顔面神経麻痺《まひ》にまで見舞われた。

約1カ月間、顔の右半分が麻痺して表情がゆがみ、鼻水が垂れていてもわからないような、医師としてなんとも情けない状態に陥ってしまったほどだった。

そんな状態になったのも、毎日気力を振り絞って働きながら、心のどこかで「自分は駄目かもしれない」とあきらめかけていたときに、救世主のように突然、千載一遇のチャンスが目の前に現れたからだ。

当時わたしは33歳。それまでの33年間に溜め込んでいたあらゆる思いが、いきなり日の目を見る状況になったわけだから、興奮しないほうがおかしいだろう。

いいことが起きているのに、心身がそれをストレートに受け入れることができない。精神のバランスが一気に崩れていく。

そして、わたしの顔面も、いわば無惨に崩れ去ってしまったのだ。

歯科医師会が「きぬた歯科」を狙い撃ち

インプラント治療をスタートした「きぬた歯科」の業績は、うなぎのぼりだった。のちに述べる看板広告を積極的に展開する前の段階で、すでに年商約6億円を達成したのである。ちなみに、これは最新のデータなので当時とは少し数字が異なるが、歯科診療所（個人）の平均年商（医業収益＋介護収益）は約4740万円（厚生労働省「第24回医療経済実態調査（令和5年実施）」）なので、あきらかに違うフェーズに入ったといっていい状況だった。

だが、ここで思わぬ横槍《よこやり》が入る。

事業をさらに拡大しようとした矢先に、地元の歯科医師会からクレームが入ったのである。

当時（2000年）は、広告手法のひとつとして、地域に密着した地域情報紙などのタブロイドが主流になっており、一都三県のどのエリアでもかなりの数が存在していた。多摩エリアにも『ショッパー』という、一度休刊したのち復刊した、一軒一軒ポスティングされる無料地域情報紙が大きな影響力を持っており、「きぬた歯科」も広告を載せていた。まだインターネットがそれほど影響力を持っていない時代であり、直接タブロイドが配られると、地元の人は案外それを見ていたのである。

クレームが入った理由は、簡単にいうと、インプラント治療で盛況な「きぬた歯科」を見て、歯科医師会が危機感を募らせたからだろう。

本当にそうなら、ふつうは「自分たちもやるか」となるところだが、自分たちが変わることはせず、「なんだかひとり勝ちして目立っている奴がいるから叩《たた》いておこう」という発想だったに違いない。その流れで、おそらくは歯科医師会の顧問弁護士が旧ショッパー社の広告掲載窓口である信栄広告社に、「インプラント治療を誇張した広告は医療法に違反している」とする内容証明郵便を送りつけたのだろう。

当時は、インプラントの治療法が出てきたばかりで、旧厚生省の対応から法律まで、現実に追いついていない状況だった。一般的に歯科医が標榜できるものは、「一般歯科」「小児歯科」「矯正歯科」の3つであり、インプラント治療を誇大に広告するのは医療法に違反し、懲役6月以下または罰金30万円以下に相当するという法律論を唱えてきたのだ。

これはなかなか嫌らしい手法だ。なぜなら、どんな領域にも法律は存在するが、だからといって、それらがつねに厳密に履行されることはあまりないからである。

例えば、制限速度時速100キロメートルの高速道路の追い越し車線では、時速100キロメートル以上出してはいけないという規制があるが、だからといって違反をいちいち取り締まっていたら社会がうまく回らない。でも、厳密に法律論を振りかざせば、それは道路交通法違反なのである。

看板だって同じだ。多くの店舗や企業体が道路にはみ出して置き看板を出しているが、あれも公共の道路に私有物を置いているわけで、道路法や道路交通法などの違反となる。法律違反といっても、言い出せばきりがない現実があるわけである。

だが、歯科医師会は、インプラント治療に狙いを定めて、まさにその一点をしつこく突く手法に出た。インプラント治療における課題提起や、活発な議論の醸成に向かうのではなく、ただ同業者でうまくやっている者に対する「妬み」があったのだと思う。

訴えられるとなると、媒体のほうはやはりビビってしまう。もう「きぬた歯科」の広告は載せられないということになり、広告契約をすべて打ち切られてしまったのである。

当時、無料地域情報紙は「きぬた歯科」の命綱だった。せっかく事業を拡大しはじめた矢先に、それが奪われたのは、まさに生命線を絶たれるような衝撃があった。

なんとかこの状況を打開できないか——。

あるとき、待合室に置いていた週刊誌をめくっていたわたしは、そこに美容外科の広告が載っているのを見て、「あれっ?」と思った。なぜインプラント治療よりも、法律上制限がいろいろある美容外科の広告がこんなに載っているのだろう?

そこで、よく広告を見ると、なるほど彼ら彼女らは書籍の広告を載せていたのである。

それらの書籍は、美容外科手術のビフォーアフターや体験談を載せただけのカタログのような本だった。書店に流通するわけでもなく、一応は「出版」という体裁を取っただけの書籍をつくり、その広告を打っていたのだ。

監修は「〇〇美容外科」となっていたが、「〇〇美容外科」自体の広告はしておらず、あくまで「〇〇美容外科が出版した本」の紹介という体裁を取っていた。

「これはなかなかいいアイデアだな」とわたしは感心した。

そこで、すぐ真似しようと思ったが、「きぬた歯科」はピンチの最中《さなか》にあり、なるべく早く動かねばならない状況だったため、書籍をつくっている時間がない。

そのためわたしは、ＶＨＳビデオをつくることにした。当時ＶＨＳビデオなら、業者に頼むと1週間程度で簡単につくれたのだ。

通販も流通もしない、簡単なインプラント治療の紹介ビデオをつくったわたしは、そのビデオの広告というかたちであらためて『ショッパー』に依頼し、めでたく「きぬた歯科」の広告掲載が復活することとなった。


歯科医師会からのクレームを受け、広告が打ち切られてから約半年。その期間、わたしは有効な対抗策を打てなかったので、精神的にとてもきつかった。売り上げが激減したこともあるが、なによりブランディングが途切れてしまうという懸念を抱いていた。

インプラント治療は黎明期だったので、先にインパクトを残した者が圧倒的に強者となることは確実だった。インパクトを残すのは、いわゆる先行者利益を得るためだが、その地位が崩れて、ほかの者が違うかたちでブランディングをはじめたら、これまでの努力が水の泡になってしまう。

「インプラントはきぬた歯科」

多くの人の頭のなかに醸成されつつあったそのイメージが消えてしまうことを、なによりも恐れていたのだ。

やられたら、やり返す

そのときは知る由もなかったが、歯科医師会のクレームはまだ可愛らしいものだった。

歯科医師会の思惑とは反対に、インプラント治療に対するニーズは日増しに高まり、少しずつ市民権を得るようになっていった。

そうして業界全体が沸いたインプラント治療の絶頂期といえる2010年頃、今度は週刊誌を中心に、インプラント治療に対するネガティブな記事が発信されるようになり、やがてマスコミを上げての大バッシングとなっていったのである。

特にわたしが悪質だと思ったのが、インプラント治療に関する連載記事を展開した、ある週刊誌だ。読者に対して「インプラントのトラブル情報を求めます」といって全国の歯科医院の情報を集め、患者に通報された歯科医院に対し、最初からネガティブな意味づけで直接取材するわけである。

本来は、患者と歯科医のどちらに非があるのか、白黒つけづらいトラブルもたくさんある。これは仕事全般にもあてはまることだが、関係者間でのトラブルというものは、明確に線引きできないような、どちらにも原因が見られるのがふつうであるはずだ。

しかし、ある患者が通報すると、その週刊誌がいきなり取材にやって来るから、「ネガティブな記事を書かれないだろうか」と歯科医院はビビってしまう。そして、少しでも歯科医院に問題があったり、反論したりすると、病院名が出され記事にされてしまったのである。

悪質なのはそのあとである。一方で、その系列の出版社から、歯科（インプラント治療医）選びをテーマにしたムック本を出して、歯科医院に広告を募って大儲けしていたのである。

つまり、週刊誌ではインプラントのトラブル情報をもとにバッシングしておいて、「ムック本に広告を出せば大丈夫だよ」と無言の圧力をかける。企業の弱みを握って会報誌をつくる手法とまったく同じである。

このムック本には下請けの営業会社が多数ぶら下がり、全国の歯科医院に片っ端から広告勧誘の電話をしていた。わたしの記憶では、見開きで約200万円。小さな枠でも約20万~30万円かかったはずである。一方で歯科医を脅し、一方で歯科医から金を取ることで味を占めていた。そうして、ビビった日本中の歯科医院がこのムック本に上納したという流れである。

記事はどんどんエスカレートしていき、広告をやめた翌年に、急にネガティブな記事を載せられた歯科医院まで現れた。「広告をやめるとこういうことになるぞ」と暗に脅されたわけである。

こうした方法に対して、わたしたち開業医は対抗手段をほとんど持っていなかった。なぜなら、彼らがやっていたことは、違法ではなかったからだ。

こうした権力を笠《かさ》に着たマスコミ（なにもその週刊誌だけではない）の振る舞いが許せなかったわたしは、策を練り、対抗策を考え出した。それが、全国のいろいろな歯科医をけしかけて、Ａｍａｚｏｎのレビュー欄に、匿名でその週刊誌やムック本のレビューを書き込むことだった。

嘘偽《うそ》りを撒《ま》き散らしたわけでなく、実際に彼らがやっていることを、そのまま白日の下に晒《さら》し続けるという戦略だった。やがて、こうした投稿活動を機に、次第に世間の風向きも変わっていき、ライバルの出版社も問題視しはじめて、彼らのビジネスは急速に下火になっていったのである。


このときの経験からわたしが学んだことは、ありきたりだが、「闘う勇気」の大切さだ。たとえ相手が強大でも、理不尽なことをされたり、マウンティングされたりしたときは、「闘う姿勢を見せろ」ということだ。

相手は、はなからこちらが歯向かってくるとは思っていないから、舐めたことをしてくるわけで、こちらが闘えば案外、それで収まることもある。

ひとりで闘うのが怖いなら、仲間と手を組んで反乱を起こせばいい。そうすればムーブメントを起こすことができるし、相手の仕事の評判も落ちて「商売上がったり」になる。

人が持つ「嫉妬」と「ひがみ」の凄まじさ

わたしが、仕事である程度の成果を出しはじめたときに気づいた、人間の性《さが》がある。

それは、人が持つ「嫉妬」や「ひがみ」の凄《すさ》まじさだ。

歯科医師会やその週刊誌のクレームは、表面上は法律違反や、消費者のトラブル解決といった体裁を取っているが、その根っこには、「なぜあんな奴が儲けているんだ」「いまのうちに潰しておこう」という、深い嫉妬やひがみの感情があったとわたしは見ている。


わたしは現在も、11件もの、わたしへの誹謗中傷に端を発する裁判で係争中であり、それらに対して徹底的に闘っている最中である。至近の判決でも、被告があっさり負けた。争うもなにも、相手がいきなりわたしを誹謗中傷してきたのだから、負けて当然である。

では、なぜわざわざ手間をかけて誹謗中傷をするのだろうか?

その理由は、繰り返しになるが嫉妬やひがみである。

発端は、わたしのTwitter（現X）の投稿だった。

その頃、ニュースサイトの「NewsPicks」の関連企業、株式会社アルファドライブが、「今日の仕事は楽しみですか。」というコピーのデジタルサイネージをJR品川駅の巨大コンコースに掲示し、炎上した出来事があった。このコンコースは、よくテレビなどで通勤するビジネスパーソンのイメージ画像としても使われる、通勤風景をわかりやすく表現できる格好の場所である。

炎上に至った経緯は、「ビジネスパーソンを馬鹿にしている」という苦情が殺到したという、なんとも情けないものだった。ネガティブな影響を懸念したのであろう株式会社アルファドライブが展開する「AlphaDrive／NewsPicks」は翌日、あっさりその広告を降ろしたのだった。

その後、どこかの誰かが、今度は意図的にビジネスパーソンを馬鹿にしたような内容でわたしの顔をそれらにコラージュした画像をつくり、ネットで拡散しはじめた。おそらく、「広告（看板広告）＝きぬた歯科」というイメージがあるので、面白がってつくって拡散したのだろう。でも、当初から一連の炎上騒動を、「会社に守られてぬくぬくしているのに、なにがビジネスパーソンを傷つけるなだよ」と見ていたわたしは、ついそのコラージュ画像に対して、「俺は本気で広告出そうかな」とリツイートし、煽るような投稿をしてしまったのだ。

すると、その投稿がバズってしまい、「J－CASTニュース」が取材に来たり、「Yahoo！ニュース」に載ったりする騒ぎになってしまった。その「Yahoo！ニュース」のコメント欄に、先の被告が誹謗中傷をしてきたという経緯である。

その内容は、「きぬた歯科」はインプラント治療のトラブル症例を数多く抱える、非常に危険な歯科医院だというものだった。

相手は経歴が見るからにエリートで、大学病院や都内病院に勤務しており、そのコメントは自身が勤める病院に「きぬた歯科」のインプラント治療でトラブルになった患者がたくさん来るという内容だった。

顛末《てんまつ》としては、相手の電話番号が発信者情報開示請求で判明したので、わたしが直電をすると、「すべて嘘だった。示談してくれないか」となり、会話の録音記録を裁判所に提出して、訴訟のひとつが片づいたのである。

標的にされたら徹底的に闘う

こうした裁判をわたしはいくつか起こしていて、被告に接するたびに、人の嫉妬やひがみの原因がわたしなりに理解できるようになった。

一般的に嫉妬やひがみは、突き詰めて考えていくと、理由は「金」である。

いまわたしが訴えている者で、一般人はひとりしかいない。ほかはすべて同業者で、その多くは高学歴で、一般的に社会的地位があるとみなされている者ばかりだ。

おそらく自分が想像していた財力を得られず、経営状態もいまいちなのだろう。「わたしがこんなはずがない」「あんな奴（わたしのことだ）に劣るわけがない」というふうに、鬱屈した感情がひたすら心に溜まっているのである。

はっきりいうと、歯科医として同じレースに参加し、もはや決着がつきつつあるなかで、自分でも「ヤバい」と感じている、その心のなかのしこりを解消できず、自暴自棄になっている感じだろうか。

なかには、商圏も規模もまったく被《かぶ》らない医師もいるので、とにかく「うまくやっているきぬた歯科が憎たらしい」という情念のみで、わたしを標的にしているとしか思えないのだ。

かつてわたしの医院に勤務していたスタッフに、一部上場企業の社長の息子がいたのだが、彼の父が社長に就任した翌日以降、自宅に葬式の弔電を模した不幸の手紙や、「死ね！」「家族を殺してやる！」といった脅迫の手紙が何通も届いたという。

それほどに、他人に対する嫉妬やひがみはひどいものなのだが、とりわけ個人的な体験からも、男のひがみは凄まじいものがあるように、わたしには思える。

喩《たと》えると、男の嫉妬やひがみはバーナーの青い炎のような、骨まで燃やして溶かすほどの炎であり、そんな陰湿な情念が男のなかにはあるような気がするのだ。

思えば、嫉妬やひがみだけでなく、覗《のぞ》きや盗撮、ストーカー、痴漢や露出といった犯罪行為の多くを男が犯していることからもわかるように、男の情念はいったん火がつくと恐ろしいものなのだろう。

そんな者たちの標的になったとき、わたしは徹底的に闘うと決めている。

闘ってそれを公表しなければ、次々と模倣犯が現れるからだ。読者のみなさんのなかには、「きぬた氏はちょっとやり過ぎでは？」と思われる方もいるかもしれない。

でも、わたしの目的はあくまで防御にある。

「あの男にちょっかいを出すと面倒くさい」

そう思わせるために、事あるごとにいろいろな場所で公表しているということである。

さて、次章からは、「きぬた歯科」の躍進の鍵である「看板戦略」について述べていく。

いまでこそ、多くの人に知られ、〝うさん臭い印象〟を与える看板広告に見えるが、これもまた、ピンチから生まれたアイデアを愚直に実行した結果であった。

いや、死ぬか生き残るかを左右するような、わたしの人生最大の危機から生み出されたのが、「きぬた歯科」の看板広告なのである。

第3章

稼ぎたければ「顔」を出せ

インプラントから見えた日本の宿痾

わたしが週刊誌と格闘していた頃、世間ではインターネットが普及、大衆化し、既存のマスメディアは広告収入が激減して、どんどん力を失いはじめていた。

その流れに従い、「きぬた歯科」もインターネット広告に傾注していった。いわゆるＳＥＯ（検索エンジン最適化）施策の全盛期であり、多くの事業者が、「Ｇｏｏｇｌｅ」をはじめとする検索サイトの「１ページ目・いちばん上の位置」に自社サービスを載せるために、膨大な広告費をかけるようになっていた。

それでもわたしは、インターネット広告と並行して、相変わらず『ショッパー』にも広告を出し続けていた。なぜなら、インターネット広告の手応えをまったく感じていなかったからである。

いま思えば、わたしもどこか思考停止してしまっていた。

世の中全体がインターネット広告モデルに変わるといわれ、各種統計データもそれを如実に示していたので、「きぬた歯科」が検索ページの１ページ目に載るように投資をしていたのだ。当時、1カ月に100万円は軽く注ぎ込んでいたはずだ。

だが、あまり患者数は増えなかった。この傾向は、現在でもさほど大きくは変わらないと感じている。

もちろん、当時ほど手応えがないわけではなく、いまはそれなりの効果も見られるが、投資金額に見合うかどうかは微妙なところだ。

そうこうしながら、少しずつだが安定的に業績を伸ばしていた2012年の年初に、思ってもみない事態が起きることになる。

NHKの報道番組『クローズアップ現代』が、「歯科インプラント トラブル急増の理由」と題して特集を組み、ゴールデンタイムに全国放送したのである。

日本全国のかなりの人が視聴したのだろう。この放送によって、インプラント治療は壊滅的打撃を受けたのである。

わたしの人生のなかでも、これは5本の指に入るほどの衝撃があった。

さすがはNHKで、視聴率の高さと各種方面への影響力はハンパなく、「きぬた歯科」でも、なんと放送翌日から患者の予約がぴたりと止まってしまったのである。わたしの医院でもそんな状態だから、この1本の放送によって潰された歯科医院は相当多かったのではないだろうか。

もちろん、「報道の自由」の前提において、放送側にもそれなりの理由と根拠があったのだと推測はする。しかし、わたしがそのとき感じたのは、先の週刊誌の大バッシングと同じで、番組として都合のいいケースだけを偏重して取り上げ、ある意図を持って仕掛けた報道のように見えたということだ。

わたしなりに解釈すると、「それまで貧乏が定説になっていた歯科業界に、インプラント治療によって一部に潤う歯科医が出はじめてきた。これは面白くない。まだ法律が整ってはいないではないか、けしからん、だからしっかり叩いておこう」といったところだと思う。

そうした多数の声に押されたのではないか。

かつての「ライブドア事件」を覚えているだろうか？

既存の権力構造やエスタブリッシュメントに挑戦を仕掛けた「出る杭《くい》」を、徹底的に叩き潰し社会から抹殺する。堀江貴文氏はいまも健在だし大活躍しているが、こうした日本の均質化を求める空気と、嫉妬やひがみといったウェットな感情こそが、日本をここまで衰退させた原因ではないかとわたしは見ている。

インプラントを通じて、わたしはそこに「日本の宿痾《しゅくあ》」を見たのだった。

看板の威力に目覚め広告費をぶち込む

その出来事がきっかけで、「きぬた歯科」の経営状態にも危機が押し寄せてきた。なにせ、インプラント治療を希望する新規の患者がまったく来ないのだから、打つ手がない。

ただ、「きぬた歯科」は業績を上げているときでも、堅実に1店舗のみで事業をしていたので、それなりの内部留保があった。また、保険診療もしっかりと続けていたので、危機に際しても細々と営業を続けることはできた。

だが、そう悠長なこともいっていられない。

そこでわたしは、忙しさにかまけて分析していなかった患者の来院データ（アンケート）を、あらためて調べることにした。すると、これまで見えていなかった意外な事実に気づくことになる。なんと、看板広告を見て来院した人と、インターネット広告を見て来院した人の数がほぼ同じだったのである。

のちにも述べるが、実は当時、すでに八王子インターチェンジに、看板広告を3つだけ設置していた。インプラント治療のビフォーアフター画像を全面に配した、かなりインパクトのあるビジュアルである。

一方、インターネット広告や、先の無料地域情報紙のほか、朝日新聞系列の情報紙『定年時代』、読売新聞系列の情報誌『はいから』などにどんどん広げて、さらにタウンページなども加えて、約7種類もの広告媒体に投資していた。おかげで、おおむね投資金額に比例して患者が来ていたが、そのなかで看板広告とインターネット広告の来院者数が変わらなかったわけである。

当時、看板広告の投資金額は年75万円で、インターネット広告は年1200万円。ひとり当たりの単価は、看板広告のほうが圧倒的にコストパフォーマンスがいいと判明したのだった。

それならばと、インターネット広告の資金をすべて看板にぶち込んでいき、無料地域情報紙への投資も少しずつ縮小していったのである。

看板広告は、かなり古くからあるオールドメディアだ。それが、当時最先端とされていたインターネット広告を優に勝る効果があると気づき、わたしは驚愕《きょうがく》した。

インプラント治療の黎明期に、「これは凄いことになる」と直感し顔面神経麻痺になったあのときと同じくらいの、強烈な興奮を覚えた。なぜなら、そのことに「誰も気づいていなかった」からだ。

灯台下暗しとはこのことである。自分を棚に上げてしまうが、そのときわたしは、「世の中の人はこの程度のこともリサーチしていないのか」とほくそ笑んだ。

看板は街中のいたるところに設置されているが、ほとんどの人はなんとなく看板を置いて、なんとなく効果もわからないから、なんとなくやめるという程度なのである。

もちろん事業規模や業種によるが、実際のところ、看板広告はいとも簡単にインターネット広告を凌駕《りょうが》することができる。特に地方や郊外でビジネスをしている人にとっては、看板広告は最強のツールかもしれない。

「世の中にはぼんやりしている人間が案外多いのだな」

眼鏡の奥で、わたしの目が細くなった。

看板がもたらす脳への「刷り込み」

看板広告の強みの本質はなにか——。

それは端的にいうと、「イメージの刷り込み」に尽きる。

加えて、何度も繰り返し目に入る「単純接触効果」によって、その刷り込まれたイメージやメッセージが見る者の脳で強化、定着していく。人間の脳に強力に刷り込まれる看板広告の威力は侮れないものがある。

子どもの頃、地元の街でちょっと個性的な看板を出している店がなかっただろうか？

ふつう、子どものときに過ごした街の記憶はどんどん薄らいでいくものだが、そんな看板を出していた店だけは、大人になっても妙に覚えていることがある。

記憶のなかで、「あの角を曲がると変な看板があったんだよな」と、意外と印象に残っているものがあるのだ。これが、「刷り込み」と「単純接触効果」の威力である。

看板広告はエリアを限定するものの、そのエリア内ではマス広告の役割も果たすことができる。

マス広告というと、一般的にテレビやラジオのＣＭ、新聞や雑誌広告などが連想されるが、その多くも刷り込み型だ。あるものが買いたくてテレビや新聞を目にしていたわけではないのに、そこで放映されるＣＭや掲載されている広告を何度も見るうちに、それが気になってきたり、なぜか欲しいような気がしてきたりするわけである。

ただし、これらのマス広告は、ターゲットが広いだけにどれも単価が高い。

そんな高価なマス広告が乱立するなかで、対象を限定するかたちの看板広告は圧倒的に安価で、しかも強烈な影響力を与えられるのだ。

ひるがえって、インターネット広告は、ポータルサイトに載せるマス広告的なものもあるが、基本的にはターゲティング広告といえる。関心あるキーワードを検索したり、それ自体を探していたりする過程で出会い、それをクリックしなければ詳細はわからない。マス広告とは、まったく成り立ちが違うものである。

そして、ターゲティング広告は、実は効率が悪いのではないかとわたしは考えている。

なぜなら、もともとそれを欲している人しか反応できないからだ。

それよりも、何度も目に入ってくるものを（無意識にでも）覚えてしまう人間の性質を利用したマス広告のほうが、潜在顧客は圧倒的に多くなる。もともと欲していないものですら、繰り返し見るうちになんとなく欲しくなってしまうのだから、極めて強力な集客方法といえるだろう。

そのうえ、看板はエリアを限定するので、より効率的なマス広告になり得る。ある意味では、ターゲティングの要素も兼ね備えたハイブリッドな広告なのである。

しかも、繰り返しになるが、圧倒的に安価で取っ掛かりやすく、24時間視認できて、不特定多数の人に第一想起させられるわけだから、最高にコスパがいい広告ではないだろうか。

そうした点に、わたしは看板の面白さと魅力、そして大きな可能性を感じたのだ。

「異様さ」「うさん臭さ」で勝負する

むかしから、街中にあたりまえに存在するにもかかわらず、看板広告の絶大なる効果に意外と多くの人は気づいていないと述べた。

街を見渡すと、とにかくいろいろな看板が目に入ってくるが、あまり頭に入らない広告も多いものだ。たとえ頭に入ったとしても、すぐに出ていき忘れてしまう。その理由はいわずもがな、ほとんどの場合、看板をひとつ、ふたつ出す程度で終わってしまうからだ。看板の効果を最大限にするためには、ただ目立つ看板を置けばいいという単純な話ではないのである。

そうではなく、同じ看板をいくつも並べて、一気呵成《かせい》に展開するからこそ、強烈な刷り込み効果が生まれる。

看板広告を積極的に展開している大企業もある。資金が豊富なので、それらの企業はかなりの規模で看板広告を展開できる。

だが、わたしにいわせれば、マーケティング部の人間は所詮、雇われ人であり、身銭を切って看板を置くわけではない。そのせいか、ただ地図やリサーチ結果を睨《にら》みながら、賑《にぎ》わう場所や交通量の多い場所に、ただ落とし込んでいるだけのように見える。

当然、そんな置き方では人の頭に入り込むことができない。

広告主の「熱量」を、なにも感じさせない置き方だからだ。

特に、幅広いエリアを網羅しようと、散発的かつ等間隔に置いていくのはあまり意味がない。人の頭に入り込み、心を揺るがすためには、特定の場所に一気に並べるような工夫が必要なのだ。

同じ10個の看板広告を置くのでも、10個を一気に並べるのと、混雑エリアごとに等しく分散して置くのとでは、意味合いも効果もまったく違ってくる。

首都高速道路4号新宿線下り（永福）に位置する、3連の看板。首都高を走るドライバーの目に驚きをもたらす

人の目に入りやすい場所をひとつ選んだら、その1カ所に複数の看板広告を一気に並べるほうが、見る人の印象はがらりと変わるはずだ。

置き方には、ほかにもいろいろなコツがあるが、もうひとつ重要なのは、いわゆる「看板銀座」みたいな場所は避けるということだ。

人通りが多いからといって、例えば新宿駅前や渋谷駅前といった場所は、いくら置いても看板の洪水に埋もれてしまうだけである。これも、案外わかっていない人が多いポイントといえる。

ただし、わたしは新宿エリアに3カ所、看板広告を設置している（2024年現在）。市谷の防衛省付近にあるビルの屋上と、信濃町、そして新宿の伊勢丹新宿店の近くで明治通りと靖国通りが交わる場所だ。

これは少々高度な置き方で、わたしの看板全般にいえることだが、看板の下部に書いた「JR西八王子駅前」というインフォメーションとのギャップを狙っているのだ。

わたしの狙い通りこの看板広告は評判がよく、「なんで西八王子なのに新宿なんだよ！」

うだ。

「この歯医者、うさん臭過ぎるだろ」などと、ネット上でも話題になり拡散されているよ

大都会の光輝くおしゃれな看板群のなかで、ひときわ目立つローカル感。デザインを含めたその「異様さ」によって、見る者に強烈なインパクトを残すことに成功した。

ここで、「新宿駅徒歩3分」「青山通り沿い」などという看板があると、見る者は途端に白けてしまう。「どうせボロ儲けしているんだろう」「成金の歯医者か」くらいに思うだけで、ほとんどの人は名前も忘れてしまうのがオチだ。

そんなおしゃれなだけの、吹けば飛ぶようなものではなく、看板広告にはもっと「大衆感」が欲しい。見た者が鉄板ネタとして周囲に話せるような、「ネタ感」が必要なのである。

中年のおっさん（わたしのことだ）がにやりと笑う衝撃のビジュアルとともに、新宿なのに「JR西八王子駅前」というローカル感を、違和感とともにアピールして、とにかくうさん臭さを演出し、感じてもらう。

ビジュアルが異様で、数の暴力も凄いとなると、見る者の心はなんだかわからないが、かき乱される。実際に、「きぬた歯科」の看板広告を見過ぎて、「インプラントといえばきぬた歯科が思いついて」といって、来院する患者はとても多い。

ちなみに、忘れてはいけないが、新宿駅は西八王子駅まで直通の立派な中央線沿線の街である。

人は知らないものにお金を使わない

「きぬた歯科」躍進の原動力である看板戦略について述べてきたが、ここから、ひとつのマーケティングの基本原則を導き出せる。

それは、「人は知らないものにお金を使わない」という原則だ。

驚くことに、このシンプルな原則を、実に多くの経営者やマーケティング担当者は忘れてしまっているように思えるときがある。どんなビジネスも、事業を拡大し展開していくには、とにもかくにもまず「知ってもらうこと」「認知してもらうこと」が最重要事項であり、そこからスタートしなければ、どんな施策を行ってもうまくいかない。

無論、「きぬた歯科」の看板を街で目にしたところで、すぐに「きぬた歯科」にやって来て、「先生、インプラント治療をしてください」とはならない。歯科医院を選ぶ基準は、たいてい自宅や勤務先の近所か、その医院に清潔感があるかどうか程度だろう。たとえ中央線沿線に住んでいても、わざわざ電車に乗って西八王子までやって来ないのがふつうである。

しかし、「きぬた歯科」の看板広告が頭のなかに刷り込まれていると、話は少し変わってくる。

実際に歯科医院を探すときに、ひとつの選択肢として、あのうさん臭いビジュアルが頭にふと浮かぶかもしれないからだ。

頭に「きぬた歯科」のことが浮かんだとしても、実際にはほとんどの人は来院しない。でも、100人いれば、そのなかの数人は来院してくれるかもしれないということだ。

たとえ来院する人がひとりもいなくても、その人の周囲に歯科医院を探している知り合いがいれば、話題に出してくれるかもしれない。

「そういえば、八王子にインプラント治療で有名な歯科医がいるみたいよ」と。

いつどんな行動をするのかわからないのが消費者であり、それはコントロールできない要素だからこそ、とにかく消費者の頭のなかに入り込むことが重要なのである。

わたしがそのことに気づいたきっかけは、実は高校生のときだった。

当時、矢沢永吉の『成りあがり 矢沢永吉激論集』（角川文庫）という本を読み、いたく感動してしまったときである。彼が歌手になるために、自作曲の譜面と5万円ほどを持って広島から夜汽車に乗って上京したときから、あらゆる困難にあって踏みつけられながらも、まっすぐに音楽と向き合い、やがてスターになっていくまでを熱く語った内容だった。

これを読んだわたしは、当時、多くの若者たちと同じように、彼の生き様に影響を受けた。まだ若く、金持ちになるというわかりやすい「成功」を目指していたわたしにとって、憧れの存在だったのだ。

しかし、十数年後、ある記事で、彼の高校の同級生のコメントとして、彼がギター教室（山中ジャズスクール）に通っていたことを知って、わたしは愕然とした。

当人の話ではないので内実はわからないことを明言しておくが、「高校生でギターを習っていたなんて、それなりに恵まれた家じゃないのか？」と当時のわたしは思った。母に捨てられ、父と死別し、祖母に育てられた貧しい家庭環境や、アルバイト代を握りしめて夜汽車に乗ったという話はいったいなんだったのか？　自分が感動したひとりの男の生き様の前提が、音を立てて崩れていったのである。

でも、そのとき同時に、わたしはこうも感じていた。

「そうか、それでもみんな矢沢永吉をかっこいいというのは、事実はどうあれ、自分の生き様を広く知らしめたからなのだ」

このときわたしは、どんなかたちであれ、まず「自分について知ってもらうこと」が成功の条件なのだと腑《ふ》に落ちたのである。

いま思えば、あの本に感動したのは、聞き書きをした糸井重里氏の力量によるところも大きかったわけだが、それでもあの本によって、矢沢永吉は間違いなく全国津々浦々の若者たちにその存在を知らしめ、広く憧れられる存在になった。

本でもいいし、看板でもいいし、なんだって構わない。

でも、どんな手段を使っても、まず自分を知ってもらうことからスタートしなければ、ものごとはなにもはじまらない。

この商売の原理を、わたしはそのとき知ったのだった。

望むものを得たいなら声を上げろ

人それぞれ夢や目標、あるいはなにかしら望むものがあると思うが、それらを叶えたいならば、まず自分の存在を知られることだ。

つねに誰か他人の力を借りるという意味ではなく、そもそも社会はそのようにつながり合って成り立っているということである。

端的にいうと、わたしには来院してくれる患者がたくさんいたから、うまくいった。自分の存在を看板広告で社会に知らしめ、社会のニーズにできるだけ多く応えようと声を上げたから、結果的にうまくいったわけである。

では、なぜ多くの人は、「自分という存在がここにいるぞ」と声をあげないのか？

それは先に述べたように、「こんなことをいうと叩かれるんじゃないか」「目立つとなにか嫌がらせをされるんじゃないか」などと不安になってしまう、消極的な姿勢や心理が原因だとわたしは見ている。

要するに、ビビってしまうのである。

でも、そこで立ち止まって考えてみてほしい。

極端なたとえかもしれないが、あなたがなにか声を上げることで、いきなり誰かに殺害されるような危機に陥ってしまうだろうか？　あるいは家族や大切な人たちが深刻なトラブルを被るだろうか？

幸運にも、この国は世界でもまれに見る安全な国のひとつだ。内戦状態でもなければ、飢餓状態にあるわけでもない。もちろん、この国にも貧困問題があることは承知しているし、ＯＥＣＤ（経済協力開発機構）の調査によると、相対的貧困率がＧ７（主要7カ国）で最悪の数値になった。そこだけを見ると、完全な斜陽の中等国といえる。

それでも、あなたが自分の夢や目標を実現するために、自らの存在を知らしめはじめたとしても、それだけで致命的なピンチに陥るわけではないだろう。

周囲から叩かれることで、評判が落ちたり、収入が極端に減ったりするリスクを避けたいのは理解できる。それは人生に影響を与えるので、不安に駆られることはあるだろう。

それでも、わたしの経験からいうと、個人レベルでどれだけ目立とうとも、収入が大きく減るような事態は意外とないものだ。せいぜいネット上で炎上したり、それまでの人間関係を失ったりする程度ではないか。その程度で失うような人間関係なら、もともと大切なものでもないだろう。

収入が大きく減って人生に影響を与える事態というのは、マスコミが公共の電波を使い、延々とネガティブキャンペーンをするほど、違法性があることをしたときだ。

だが、巨大メディアがそこまでして報じるほど、わたしたち一人ひとりは大物だろうか？　あるいは、それほどユニークな存在なのだろうか？　もしそうなら、アプローチを変えてその個性を活《い》かすだけで、いますぐにでも成功できるはずだ。


わたしにいわせれば、やはり多くの人はビビっているに過ぎない。

少し考えれば、自分がどんなことをしても、たいていの場合大した問題は起こらないことがわかるはずだが、それでも勇気が出ない。だから、消極的な生き方になってしまう。

そんなときは、自分はいったい「なにが怖いのか」を、一つひとつ具体的に箇条書きで書き出してみるといい。すると、多くの不安や恐れが紙の上に現れるかもしれないが、そこから突き詰めていくと、結局は極端に収入が減ることと、身の危険を感じることの2点くらいしかないのではないか。

そして、そんなことはほぼ起こらない。

何度もいうが、所詮、「他人は他人」であり、あなたの人生にはほとんど興味もないし、関係もないのである。そうであるなら、「やりたい」と思ったことはなんでも挑戦し、どんどん声を上げていったほうがいい。

知られることが、うまくいくための大前提だからだ。

「視線」が持つ強力なパワー

自分をもっとも効果的かつ強力に世間へ知らしめる方法は、「顔」を出すことだ。

「きぬた歯科」の看板戦略の根幹は、ずばり「顔看板」にある。

どこの誰だかわからないおっさん（わたしのことだ）の顔が、繰り返し目に入る異様さが、よりインパクトを高めるための必須要素となっている。

128ページで触れたが、もともときぬた歯科の看板広告はビフォーアフターだった。ビフォーの見るからに汚い、目を背けたくなるような歯槽膿漏《のうろう》の歯と、アフターの美しい歯を対照的に載せたものだった。

最初からわかっていてやったことだが、案の定、汚い写真に対する苦情は凄まじいものがあった。

「家の窓から見えるからご飯が食べられない！」

「子どもが怖がっている。どうしてくれるんだ！」

様々な苦情が押し寄せてきた。

それでもわたしは、最初に強烈なインパクトを与えたかったので、あえてしばらく放置した。数件程度の苦情では変えないが、ある程度苦情件数が溜まってくると、ひとつずつ場所を変えて継続していった。

実は、現在もビフォーアフターの看板はあちらこちらに存在する。人間とは面白いもので、見る者がうさん臭さや嫌悪感を抱けば抱くほど、逆の感情を、つまり、面白さや親しみやすさを感じる人も現れる。波も、引く波、寄せる波がぶつかってはじめて、波立つのだ。

インパクトだけを見ると、わたしの顔よりもビフォーアフターのほうが強烈といえる。

だが、当初は苦肉の策として、自分の「顔」を出すことにしたのだった。


なぜ「顔」なのか?

その秘密は、人間の視線にある。


家族とスーパーへ買い物に行き、駐車場で家族を待っているときにわたしはよく経験するのだが、買い物を終えて駐車場に帰って来る人たちの様子を目で追っていると、かなりの割合で運転席に座るわたしのほうを見返すのである。

要するに、彼ら彼女らはわたしの視線をなんとなく感じて、わたしの顔をふと見返すというわけだ。

それこそ横断歩道などでも、同じようなことを経験された方もいるかもしれない。

それほど視線の力は強大なわけだが、これはむかしからいわれていることでもあり、よく知られる例では、ネパールの寺院には、建物の四方に巨大な「仏の目」が描かれている。

あるいは、ジョージ・オーウェルの小説『1984』(角川文庫)でも、架空の全体主義国家に君臨する独裁者ビッグ・ブラザーが、顔（目）を描いたポスターやテレスクリーンを使って、街中いたるところで監視の目を光らせる。

もっというと、人間の第六感の働きなのか、視線を背後から感じることもある。そうしたことは広く知られている事実なのに、なぜか看板広告では、視線の力をフル活用する手法はあまり取られなかった。

少なくとも、わたしほど自分の顔を出しまくっている者はほとんどいないだろう。


これにはいろいろな理由があるだろう。

「恥ずかしい」

「トラブルになるんじゃないか」

そんな感情論が原因だと思われる。

ちなみにわたしは、ときどき「院長はたんまり儲けているから、愛人がいっぱいいいて大変でしょう」などと茶化されることがある。これはとんでもない話で、わたしほど顔を出していたら、愛人と街を歩いていても一発でバレてしまうに違いない。

実際、都内の飲食店に行くだけでたいてい存在がバレてしまう。特に飲食店で働く人たちは、車で食材を仕入れに行くために運転する機会が多いせいか、わたしのことをよく知っているようなのだ。看板戦略が成功しているなによりの証《あかし》だが、一方で、プライバシーがなくなり憂鬱な気分になってしまう。

自分で自分の首を絞めているわけだが、自ら進んで看板をあちこちに出しているのだから、弱音の吐きようもない。

人生を賭けた孤独な闘い

「きぬた歯科」の看板戦略は、当初から順調に進んだわけではなかった。実は思わぬところから強い反対の声が上がっていたのだ。その声の主とは、家族である。

いまでこそ顔看板は「きぬた歯科」の代名詞になっているが、当初はわたしもそれなりに勇気がいった。汚い歯槽膿漏の写真ではないが、得体のしれないおっさんの顔のアップを連発するだけでも、苦情は殺到すると見ていたからだ。

それだけに、妻が不安になる気持ちはよくわかる。自分だけならともかく、家族が巻き添えにされることへの心配もあったはずだ。確かに、反対するのがふつうだろう。

だが、顔看板はわたしの人生を賭けた闘いでもあった。

家を買うだとか、ペットを飼うだとか、子どもの学校をどうするかといったレベルの話なら、わたしもそこまでこだわらない。意見の相違など当然だし、いくらでも譲ることができる。

でも当時は、インプラント治療の時流をつかんで、汗水垂らして働きまくり、必死の思いで築き上げてきたものが、たった1本の報道番組によって崩壊させられようとしていた。そんなときに、自分の「顔」を出した看板で勝負を賭けるという判断は、起死回生の一打であり、わたしの人生のターニングポイントでもあった。

妻にとってはとても強いストレスがあったのだと思う。

いうまでもなく妻には本当にいつも感謝している。妻の支えなしでは、いまのわたしはなかっただろう。ただ当時は、残念ながらお互いに譲れない意見の対立もあった。わたしはそのとき必死に闘っていたから、家族に支えてほしい気持ちがあったが、そういう状況ではなかったのである。

それが身勝手な思いだということがいまはとてもよくわかる。しかしあのときは、結局

「やり遂げるしかないのだ」と、自分の心の整理をつけるしかなかった。

だからこそ、家族やパートナーといった存在をどう考えるかは難しい。人それぞれ、いろいろな考え方があるテーマだと思う。

わたしの場合は、家族を、「世の中でいちばん信頼できる共同体」だと定義づけている。仮に、自分が重い病になって間もなく死ぬとなったとき、本気で心配してくれるのが家族やパートナーではないか。要するに、自分がいちばん追い詰められたときに、もっとも信用できる人たちだということだ。

あなたが今日、末期がんと宣告されたとする。強いショックを受けるだろうし、慌てふためき、パニックに陥るかもしれない。そのとき、そんなあなたのことを本気で心配し、眠れない夜をともに過ごしてくれるのは誰か？

親や家族、妻やパートナーならきっとそのように過ごしてくれるはずだ。

だが、あなたの親友はどうだろう？　もちろん親友も心配はしてくれるだろう。でも、先に述べたように、その親友はその夜いつも通りに寝るはずだ。本気で心配し、眠れない夜をともに過ごしてくれる人間など、家族以外にほとんどいないのが現実だ。

公平にいうと、自分が逆の立場になっても同じであろう。親友から余命3カ月だといわれるとかなり驚くしショックかもしれないが、その夜もしっかりと眠りにつくに違いない。翌日いつも通りに出勤し、人によっては終業後、飲みにいくかもしれない。

結局、親友といってもその程度なのだ。よくSNSなどに親友や知人との交友の様子を頻繁にアップしている者がいるが、そのなかに、自分が最大の危機に陥ったときに眠れない夜をともに過ごしてくれる者は、はっきりいっていない。そう断言できる。

それをわかったうえで、みんな表面的に楽しんでいるだけなのだろうか？

とはいえ、家族から虐待を受けているような例外もある。家族やパートナーが信頼できる存在ではない人たちも当然いるだろう。そんな場合は、里親や親友、学校の先生たちが、疑似的な家族になることもあると思う。そういう人さえいないのなら、その事実を受け入れて生きるしかないのだが、そうした例外はありながらも、わたしは世の中でいちばん信用できる共同体が、家族だと考えているのだ。

いちばん信用できるのが家族だからこそ、お互いに期待値が高まってしまう面がある。

自分の期待通りにならなかったときに、より多くの失望や怒りの感情が生じて、関係をこじらせてしまうことがある。世の中には簡単に離婚する人もいるが、割合としては、こじらせながらも結婚生活を続けている人のほうが多いように感じる。

そのうえ、金を稼げるようになると、関係はより難しくなっていく。住宅ローンや子どもの教育など、家族で共有できる目標や問題があるときは、とりあえず一時的にでも協力体制を築くことができる。

なぜなら、関係をこじらせている場合ではないからだ。

だが、金に困っていない人たちに、金で解決できない問題ばかりが現れるようになると、亀裂が深くなってしまう。家族はいちばん信頼できる共同体ではあるが、夫婦やパートナーは所詮他人同士なので、意見や価値観が完全に一致することなどないといっていい。

そこで、家族を続けていく知恵として妥協という選択をしていくわけだが、その折り合いがつけられなくなったとき、いちばん信頼できるはずの共同体までも、あっさりと壊れてしまうことになるのだろう。

どこまでクレイジーになれるか

看板広告に話を戻す。

わたしは現在、年間約2億円を看板広告に注ぎ込んでいるが、この2億円は崩さないどころか、今後はむしろ増やしていくつもりだ。

数年後に治療対象者になる方々を見越して、事前に「きぬた歯科」を認識しておいてもらい、いざ歯科医院に行くとなったときに最初に想起してもらうため、途切れなく看板を出し続ける必要があるからだ。

わたしが看板広告をはじめてからあまりに時間が経ち過ぎたので、ほかの歯科医院が追随するのはもはや無理ではないかと思うことすらある。

「インプラントはきぬた歯科」という刷り込みは、おおよそ完了している。

いまの状態が続けば、わたしは誰が追ってこようと余裕で逃げ切れる自信がある。あくまで看板戦略という意味合いにおいてだが、わたしはすでに先行者利益を獲得している。

ただし、「きぬた歯科」を超える方法はある。

看板広告をきぬた歯科の最低2倍以上投資し、最低3年以上続けることだ。そのためには年4億円、3年で12億円は必要となる。後発にはそれほどハードルが高くなる。

歯科医にそんな金持ちはいないので、まずもって投入できない。仮に、資金を用意できたとして、そこまでやる情熱と度胸があるか？　激情を保てるか？　クレイジーになれるか？

ほとんどの人間はそこまでクレイジーにはなれない。


わたし自身、クレイジーになろうと思ってなったわけではない。

もともとその気質はあったのかもしれないが、結果的にクレイジーになったのだ。

わたしは自分の半生の多くを、挫折感と屈辱感にまみれて生きてきた。自業自得といえばそれまでだが、人生でもっとも多感な時期に暗く憂鬱な日々を送り、自分の無力感に何度も打ちのめされてきた。

金もなければ、一流大卒でもなく、人脈もなにもない。そんな人間がいくら夢を描いても、それを叶える一発逆転の方法など、世の中にはほぼ用意されていない。

この世には、生まれつき裕福で選ばれた者たちがいる。エリートの家庭に生まれ、なんの疑問もなく成長し、あたりまえのようにエスタブリッシュメントとして人の上に立つ者たちがいる。彼ら彼女らは、自分の下にいる者たちの人生に大きな影響を及ぼしていく。自分たちの言動で振り回そうが、潰してしまおうが、そのことを自覚すらしないで生きていくだろう。

忘れてはいけないのは、そんな者たちは、圧倒的に優位な地点から努力を重ねているという事実だ。わたしのような人間がふつうに生きていても、追いつけるわけがない。

そんな者たちに、無意味に踏みつけられないためにはどうすればいいか？　これは凄く重要なテーマなのだが、答えは猛烈にシンプルである。

思考を停止させないで働くことだ。

わたしのインプラント治療や看板広告のように、絶好のチャンスを逃さないことや、意外なアイデアに気づくことが重要だ。それらが、一気に追い抜く強力なエンジンとなる。

そんなチャンスを逃さないことも、意外なアイデアに気づくことも、すべては思考をフル回転させることで可能となる。

「死にものぐるいでやるしかない」と覚悟を決めて、背水の陣を布《し》いたからこそ、圧倒的なエネルギーが生み出される。その内に秘めた思いと仕事量が、成果を担保するのである。

その結果として、わたしはクレイジーになってしまったのだろう。

あなたが「すがる」ものはなに？

人間というのは、自分の限界がわからないまま生きている。

興味深い例として、第二次世界大戦中に、強制収容所から逃れたユダヤ人の捕虜が、水だけで約1カ月も生き延びたという記録が残されている。しかも、四六時中追っ手から逃げながらである。途中で草や虫を食べながら生き延びたに違いないが、そんな史実を知っても、自分に同じことができるとはとても思えない。

だが、その人たちは極限状況に追い詰められて、生きるためにそれをやったわけである。

これはさすがに極端な例かもしれないが、実際にシビアな状況に追い込まれなければ、人間は自分の限界なんてわからないままなのだ。こんな逸話を知るにつれ、人間というのは自分が思う以上に、まだまだ大きな力を出せる余地があると感じている。

どんな人にも潜在能力があり、大きな可能性が眠っていると考えることができる。

それを眠らせたまま棺桶《かんおけ》に入ってしまうのは、実にもったいないではないか。


ただ、いま追い込まれていない人に、「さあ、追い込まれろ！」というのもおかしな話だ。

なにかの出来事がきっかけでスイッチが入る可能性はあるけれど、入りようがないのは、いま特に追い込まれる状況にないからだろう。

つまり、成功する「必要」がないのである。


なにも物理的に追い込まれる必要はない。よくユーチューバーがやっているような、水だけで数週間過ごすといった極端なことをする意味はない。あれは、むしろ余裕があるからできるのである。

そうではなく、「このままでは自分の人生をまっとうできない」「他人と比較してうらやむばかりの人間になる」といった、切実な思いがあるかどうかだ。

よりわかりやすくいうと、自分の人生で成し遂げたい目標があるかどうかだ。

こうしたものがなければ、自分の可能性を解放することは難しい。矢沢永吉の言葉として68ページで述べたように、まさに「方向を見失った時 人間はいちばん苦しい」のである。

しかし、矢沢永吉の言葉は、そのあとにこう続いたはずだ。

「――俺には音楽があった」

方向を見失ったとき、あなたにはなにが残るのか？

当時のわたしには、この言葉はかなり応えた。絶望のどん底にあるときに、「すがるもの」があるかどうかを問うていたからだ。そして、そのときのわたしには、「すがるもの」などなにもなかった。

でも、彼は人生に追い詰められた果てに、音楽にすがり、すべてを賭けた。だから夢を果たせたのである。

あなたはいったい、最終的になににすがるのだろうか？

従順になるな、顔を出せ

わたしは今後も、なにかのトラブルで追い込まれることは十分にあるわけだが、そのときのシビアな状況を脱するために、斬新な発想や積極的な行動をすることで、さらに一皮も二皮も剥《む》ける可能性があると思う。

その一方、わたしの人生はいまが絶頂期で、これでおしまいの可能性もある。なにか新しい挑戦をしたとしても、その結果は誰にもわからない。

去る2024年1月21日、八王子市で市長選挙があった。このときはじめて、わたしはビジネス以外で自腹を切って、「八王子市長選、はじまるぞ！　今回も他人事でいいのか？　おれはでないけど！」と書いた選挙啓発のための看板を作成した。

2024年に行われた八王子市の市長選挙に向けた看板。選挙啓発のために自腹を切った

ビジネス度外視といっても、わたしがファイティングポーズを取っている絵柄なのだから、「きぬた歯科」のPR効果はあったかもしれない。

しかし、この看板には「きぬた歯科」も「インプラント」も「西八王子駅前」の文字も入れなかった。すでに十分に名は売れているから、「選挙を利用した売名行為だ」という批判は当たらないだろう。


わたしは看板広告で成りあがった「看板男」なので、この看板を八王子市の目立つ場所に5カ所、10カ所と設置すれば、マスコミも取り上げてバズるだろうし、選挙への関心も高まると踏んでいた。自腹で選挙啓発活動をする人間なんてわたしくらいだが、「面白そうだからやってやろう」となったのだ。

一方で、炎上する危険性も十分にあると睨んでいた。「調子に乗るな」「投票用紙にきぬた歯科と書く者が出てきて混乱する」といった苦情が殺到するのは目に見えていた。

また、心のなかでは、はじめて顔看板を世に出したときに家族から反対され、苦しかった時代のことも蘇っていた。これまでの人生、自分の医院のために全身全霊で闘ってきたが、「果たしていまのわたしに、ビジネスを超えたことに挑戦するエネルギーがあるだろうか？」と逡巡《しゅんじゅん》し、自問自答していたのである。

看板広告に新しい光を当て、ユニークなビジネスモデルをつくってきた者として、さらに新しい領域を切り開くには、金銭的にも精神的にもかなりパワーが必要になる。

もしそれができたら、「俺はまだまだいける！」と思えるだろう。

しかし、このままいけば余裕で逃げ切れる状況において、余計な波乱を起こす必要があるのかどうか、明確な答えを出せなくなっている自分がいたのだ。

ことの顛末としては、巨大看板を何個もつくるにはそもそも製作時間がなく、認知度が高い甲州街道の交差点1カ所に、不動産会社の株式会社エスエストラストとのコラボ看板を立てることとなった。かなり目立つ場所だったので、案の定、たくさんのメディアに取り上げられることになったのだった。


わたしが選挙啓発看板をつくったのは、看板に書き込んだように、文字通り「他人事でいいのか？」と訴えたかったからだ。

八王子市長選の投票率は、2012年で34・95パーセントだった。これでも十分ひどいが、2016年は32・60パーセント、2020年に至っては31・46パーセントという有り様で、右肩下がりの現状があったからだ。

要は、みんな政治に対してあきらめているのである。

だが、そんな無関心選挙で選ばれた政治家によってなされる政治が、自分たちの生活や人生に大きな影響を与えていく。もっというと、強固な組織票を持つ、特定の団体や集団の利益を代弁する者たちだけが、世の中を取り仕切っていく。

だから、投票に行かずに政治に対してあきらめているのなら、文句をひとこともいわずに、そのままあきらめてしまえばいい。

権力に従順になればいい。

「個人の力などたかが知れている」

「自分は経済的に自立しているから政治など関係ない」

そう思っている人間に限って、なぜか政治に文句ばかりいうものだ。


もうひとつ大切なのは、子どもや孫の世代のことを考える視点だろう。

投票してもなにも変わらないという気持ちはあったとしても、そもそも革命などが起こらない限り、政治なんていきなり変わるわけがない。だから、小さな成功体験を、世代を重ねて少しずつ積み上げていく必要があるのだ。

将来を生きる世代のことを想像もせずに、自分たちの世代であきらめてしまってどうするのか。

そんな諸々《もろもろ》の理由から、微力でもいいから、選挙啓発看板で援護射撃をしたいと考えた。既存の選挙啓発ポスターなどは、はっきりいって熱量をまったく感じない。大真面目に投票を訴えるのもいいが、もっとうさん臭い広告で全然オッケーだ。

なにはさておき、まず「知られること」が最重要事項なのだから。


これらについて、わたしがSNSに投稿したとき、まったく知らない都議会議員や県議会議員など、全国の政治家や関係者がわたしをフォローしてきた。

「選挙というだけで、これだけいろいろな人間の血が騒ぐのか」と、嫌な気分になることもあった。やはりビジネスだけで看板をつくっているのがいいのではないか？　なにもわたしが矢面に立たなくてもいいのではないか？　そう考えるときもあった。

もちろん、「選挙啓発看板をこのまま続ければ面白いだろう」という遊び心も、わたしのなかにはある。こうした看板によって話題ができると、一人ひとりがより意識を持って政治に参加する呼び水になるからだ。そして、いろいろなアイデアや行動が生まれはじめ、有権者が思考停止状態を脱していく。

そうした事態を、権力者はもっとも恐れているのだ。

ちなみに市長選後は、看板のメッセージを、「インフラは市長に任せて　インプラントは俺に任せろ‼」と、ちゃっかりきぬた歯科のPRに差し替えておいたことを、ここに記しておく。さらにいわせていただくと、投票率は38・66パーセントで、前回を7・20ポイント上回った。

「空気を読まない」人間が増えていくと、ビジネスはもとより、日本という国自体が少しずつ変わっていく可能性がある。空気を読まず、思考し、行動できる人間。人の前に「顔」を出し、声を上げることができる覚悟を持った人間。

この社会のいたるところに、そんな「異端」が立ち上がっていくかもしれない。

次章では、先が見えない時代において、「個」として強く生き抜いていくための方法について述べる。

八王子市の市長選後に差し替えた看板。洒落を利かせて自身のPRも欠かさない

第4章

悶々としながら、進む

千里の道を一歩ずつ進む

序章でわたしは、今後の日本は少子高齢化のインパクトをはじめ、様々な問題が生じていくと述べた。

企業では終身雇用など到底ままならず、国自体が老いていくのに、社会保障も崩壊寸前の状態である。

そんな時代には、他人と足並みを揃《そろ》えていても、自分を守ることも成長させることもできない。そうして結果も出せないから、当然、どこにも行き着けない。

最近になってようやく、思考停止状態で流されるがまま生きているのはさすがにまずいと、多くの人が気づきはじめたのだろう、書籍やメディアなどでも、しきりと「個」の時代が到来するといわれるようになってきた。

ただ、「個」として生きていくとはどういう意味なのか？

まず、「自分を大切にする」「ありたい自分で生きる」などといって、自分の内にこもるという意味ではない。

そうではなく、わたしは具体的に、「個」として生きていくというのは、「自分の欲望や憧れがあれば積極的に実行する」ことだと捉えている。

そうした主体的な姿勢が、自分を大切にする生き方へと、結果的につながっていくということである。

でも、これがなかなかできないという人はたくさんいる。

そもそも自分の欲望や憧れがない人も増えているし、それらがあったとしても、実現するための行動に結びつけることが難しいからだ。行動する勇気を出せない人もいるし、そもそも「なにをすればいいのかわからない」という人もいるようだ。

わたしにいえるのは、結局むかしからいわれるように、「千里の道も一歩から」と考えることである。

一歩からといっても、なんでもいいから、とにかく一歩を踏み出せという意味ではない。

もちろん、なにもしないよりは、なにか行動したほうがフィードバックを得られるので、その意味ではまだマシだが、やみくもに動いていては時間ばかりが過ぎていくだろう。

ポイントは、一般的な尺度はともかくとして、「自分にとって比較的ハードルが低いこと」がいくつかあるはずなので、それらを、まず勇気を出してやってみることである。

わたしの場合は、自分の医院を開業したときに、「きぬた歯科」の「置き看板」を路上に設置することが最初のハードルだった。なぜなら、置き看板は、目が不自由な人や高齢者をはじめ、多くの人にとって邪魔になるものだからだ。

コンビニエンスストアなどの場合は、駐車場に置くなどしてうまくクリアしているが、個人の店舗ではそんなスペースはなかなかない。そこで、仕方なく看板を路上に置く店が多いわけだが、これは厳密にいうと、道路法や道路交通法などの違反になる。

もちろん、最悪なことやデメリットばかりを考えていると、肝心の一歩が踏み出せなくなりかねない。そこで、それをやることで起こる最良の事態も同時にイメージして、メリットとデメリットを天秤《てんびん》にかけながらやっていくといいと思う。

あなたがなにをやっても文句をつける者は、必ず世の中にいる。

それは精神的には少々重荷かもしれないが、かといって、先に述べたようにあなたの命が危険にさらされたり、急激に収入が減ったりするわけではない。

そうであるなら、起こり得る最悪の事態がどの程度のものかだけを、つねにイメージトレーニングして備えておくことだ。それさえ済ませておけば、あとは他人のことなどなにも気にせず、なんでも積極的に挑戦したほうがいい。

同じく看板を例にして、もうひとつのポイントを説明する。

それは、「ものごとの目的（本質）を変えずに、サイズだけを小さくしてトライする」ということだ。

例えば、あなたが開業医や店舗経営者だとして、わたしが、「いますぐ顔看板をひとつ置いて認知度を上げたら？」とアドバイスしたとしよう。

おそらく、心理的にハードルが高いと感じる人だらけになるはずだ。

でも、手のひらサイズの小さなシールに自分の顔を印刷し、店内に貼ってみるのはどうだろうか？ それくらいなら、案外できるような気がするのではないか。

要するに、いきなり大それたことをするのではなく、目的を変えないまま、サイズだけを小さくして一つずつクリアしていくだけでも、成功体験は積み上がっていくということだ。

すると、なんとなくほかの選択肢も浮かびやすくなったり、やってみようという気持ちになったりして、自分の力で進んでいけるのである。

ちなみに、わたしの顔看板にしても、「自己顕示欲が強い奴だ」とか、「あまりにモラルがない」だとか、当初から散々ネガティブな反応があったが、そんなことをひとつずつクリアしながら、いまこの地点に至っているわけである。

つまるところ、人生の基本姿勢は、他人の反応や評価などではなく、「自分自身と向き合う」ことだということだ。

人を騙したり、人に見栄《みえ》を張ったりすることはできても、自分のことは騙せない。

逆にいうと、つねに自問自答を繰り返し、毎日自分と向き合いながら生きていさえすれば、少なくとも、自分にとって間違った選択はしないようになる。

人生はドラマチックにできている

わたしが仕事をするなかで、「喜び」に似た感情を持つときがある。

それはどんな仕事でも、自分が青写真を描き、スモールステップで進みながら、自分が描いたイメージ通りの結果を出せたときだ。

「PDCAのことか」と思われるかもしれないが、あくまでいい結果が出ることが前提であり、そこにこそ喜びがある。ときどき、PDCAを回すだけで仕事をした気になっている人もいるが、結果が伴わないならこれほど生産性が低く、無駄な行為はないだろう。

もちろん、結果がすべてとはいえ、うまくいかなかったことでも大きな学びになる。

わたしは、箱根駅伝などに出場する法政大学陸上競技部長距離ブロックと、ユニフォームスポンサー契約を締結しているが、2023年度の学生に話を聞いたところ、4年生なのに出場できない選手がなかにいた。箱根を走るために法政大学に入学し、毎日苦しい練習を重ねても、夢は叶わなかったのだ。

「目標達成」という意味では、その学生の4年間の努力は無に帰したといえる。

だが、わたしはその学生に、「箱根なんてエンタテインメントなんだから、駄目だったとしても、そのほうが君の人生にとっていずれいい結果になるよ」と伝えた。

箱根駅伝に賭けていた人間に対して、あまりに無神経な発言だと思われる人もいるだろう。その学生だってちょっと驚いたに違いない。

それでもわたしは、成長していく人間にとって、学びというものはすごく重要であり、なかでも「駄目だったことから学ぶこと」ほど、実りあるものはないと考えている。たとえ喜びを感じられない結果になったとしても、それが来たるべき次の喜びを見出《みいだ》すためのきっかけになっていくからだ。

だからこそ、なにかがうまくいかなかったこと自体は、すでに貴重な経験になる。そんな経験が、彼の今後の人生において別のいいチャンスに変わっていく土台となることだろう。

無論、同じことは一般のビジネスパーソンも日々体験し、感じていることだと思う。なにかの仕事がうまくいかず、結果が伴わなかったとき、なかには深く落ち込んで、そのまま終わってしまうような人も多い。あるいは、敗因をたいして分析せず、ただその失敗体験をやり過ごそうとする人もいる。

だが、先の箱根駅伝の例と同じように、そんなときこそ、こう捉えてみたらどうだろうか。

「所詮、仕事はゲームみたいなものではないか」
「うまくいかなかったという、貴重な経験ができたじゃないか」

そんな、軽やかな遊び心をほんの少し持っているだけで、あなたの人生は、むしろそこからドラマチックに変化していくだろう。

うまくいかないとき、心の大部分は気が滅入ったり、挫折感を味わったりしている。でも、どんな状況であっても、心の残り5パーセント程度は遊び心を持って、その問題と正面から向き合う姿勢が大切だ。

心のどこかに、再起のための小さな火を灯《とも》しておくイメージだ。

わたし自身、なにかがうまくいかないときは、いまだに落ち込んだり、不安に駆られたりすることがある。それでも、そんな状況全体を「ゲーム」として俯瞰し認識している残り数パーセントの自分がどこかにいる。

すると、基本的には落ち込んでいたとしても、その残り数パーセントの自分が、うまくいかない状況を少し引いた場所から眺めて、なにかを探しはじめるのだ。

「この状況のなかに、なにか貴重なものがあるのではないか」

「次のチャンスの種が、どこかに落ちているのではないか」

そうした自分の捉え方やマインド次第で、無意識にでも、新たなチャンスを探しはじめるようになるのである。

加えて、うまくいかないときは、どうしても「ときの運」が関係している場合も多い。

正しくやっているのに時期尚早だったり、タイミングが合わなかったりするのは、人生ではよく起こることである。

痛い失敗をすると、「どうしてあのときもっと早く動かなかったのだろう」などと、激しい後悔に苛まれる。でも、それもまた人間らしい振る舞いだと捉えて、軽やかに進んでいければいい。

そうして、遊び心を失わずに次のチャンスを探し続けていると、3年後か5年後かわからないが、いずれきっとまた大きなチャンスが目の前に現れる。心のなかにわずかな火さえ灯していれば、それが大きな炎に変わる機会が、不思議と人生にはきちんと用意されているものなのである。

それがどんなメカニズムなのか知る由もないが、わたしの経験と実感からいえることは、

「すべての人の人生は、いい意味でも悪い意味でもドラマチックにできている」ということだ。

ただし、そのことを考え続けている限りにおいてであり、つねに次のチャンスをうかがい続けている限りにおいて、である。

うまくいかないのは、すでに挑戦している証

どんな人であっても、人生はドラマチックにできていると述べた。

それこそネガティブな側面でいえば、ある日体調が悪いと感じて精密検査を受けたら、末期がんが判明し、数カ月後に亡くなってしまったという話は珍しいものではない。逆に、例えば漫画家のやなせたかし氏のように、70歳近くになって、テレビアニメ「それいけ!アンパンマン」で大ブレークを果たすようなポジティブなケースもある。

よく、年齢だけでいろいろなことをあきらめる人がいる。それは一面では正しい認識だ。「人生は何歳からでもやり直せる」とよくいわれるが、手遅れのときもあるだろう。人生の時間は確実に過ぎていくのだから、それに伴い、自分の可能性も着実に目減りしている

と考えるのがふつうである。

一方で、「なにが起こるかわからない」のもまた人生だ。先細る可能性にしがみついていても意味はないが、かといって、自分の新たな可能性を信じないのも、わたしにはとてももったいない態度のように思える。

繰り返しになるが、人生はドラマチックにできているからだ。

なにが起こるか誰にもわからないのであれば、うまくいかないことがあっても、それはうまくいくための「溜め」をつくっている過程だと捉えることができる。先にも述べたが、人が跳躍するときには、いきなり跳ぶよりも、いったん屈んでから跳んだほうが高く跳べるからだ。

そこで、うまくいかないのは「いま屈んでいるからだ」と認識していれば、いずれ高く跳ぶ機会が訪れたときに、きっと高く跳ぶことができる。でも、自分が屈んでいることを認識していなければ、ただ屈んでいるだけになり、いつしか挫折感や敗北感に打ちのめされてしまうだろう。

箱根駅伝などとのかかわりで、わたしは青山学院大学の原晋《はらすすむ》監督とときどきお会いして、食事をするようになった。

そのことを、わたしの患者でもある中央大学の教授の方と話していたところ、「ああいう方って、本当は世の中にいっぱいいいるんですよ」といわれた。

つまり、原監督のように類まれな能力があるのに、日の目を見ずに人生を終えていく人がとても多いという意味だ。

それならと、「なぜ原監督はうまくいったのですかね?」と問うと、彼はこういったのだ。

「やっぱり、いつも悶々とされていたんじゃないですかね」

要は、うまくいくのも大きなエネルギーなら、うまくいかずに、ずっと悶々として毎日を過ごしているのも、ひとつの大きなエネルギーだということである。

そんな悶々としているエネルギーを抱えながら、「いつかきっと目標を果たしてみせる」と思い続ける、その姿勢や生き様が、最終的には日の目を見るのだ。

だからこそ、大きく跳ぶ前に人は屈むのである。

たいていの人は、ずっと悶々とした気持ちを抱えて、くすぶり続け、「どうしようか、どうしようか」と思考を巡らせながら、少しずつ前進していくしかないのだろう。


うまくいかないのは、すでになにかに挑戦しているからだ。

うまくいきたいという欲求があるから、うまくいかない可能性が生じるわけで、うまくいっていないときに、「自分はいま屈んでいるのだ」と思えるかどうかがポイントになる。

でも残念ながら、実に多くの人がそうは思えずに、早々にあきらめてしまっているようだ。


そうした人は、つい「どうせわたしなんか」という言葉を口にしてしまう。あるいは、そのような思考にとらわれてしまう。わたしは成育環境がよくない、わたしには学歴がない、わたしにはお金がない、わたしは年を取り過ぎた、わたしはそもそも遺伝子がよくない……というわけだ。

裏を返すと、そんな「どうせわたしなんか」という発想自体が、他者と自分とを比べている証拠だ。

あの人みたいに幸せな家に生まれたかった、あの人みたいに頭がいい人間になりたかった、あの人みたいにお金持ちになりたかったという、ある意味では偏執的な思いによって、「どうせわたしなんか」と深く落ち込んでしまうのである。

いや、その意味では、本当にまずい状態というのは、「どうせわたしなんか」とすら思わなくなった状態なのかもしれない。

いずれにせよ、いまの自分の現状にまるで満足できず、どこへ向かっているのかはっきり自覚できなくても、とにかく全力でなにかを目指していく人間にこそ、チャンスは訪れる。

毎日悶々としながらも、うまくいかなかったつらい経験から、なにかを引き出そうとする人間が、いずれ日の目を見るのだと思う。

自分に答えを求めて進んでいく

ここまで読んでいただいた方は、当然、気づかれていると思うが、「どうせわたしなんか」と絶望していたのは、若い頃のわたし自身にほかならない。

だからこそ、こうした思いは、いずれ自分の可能性を開くエネルギーに変わると、多くの人に気づいてほしい。

どんな人にだってエネルギーは残されているし、人生にチャンスはまだいくらでもある。もちろん、両方とも無尽蔵にあるわけではないが、大切なのは、いち早く「自分の可能性に目覚めること」だ。

まわりの目など、気にするな。

「どうせわたしなんか」と思って、自分の奥底に秘められたエネルギーに気づけないのは、日本特有のウェットな空気感や同調圧力に飲み込まれ、自由に思考できず、小さな行動さえも起こせなくなっているからかもしれない。


要するに、他人と比べ過ぎているのだ。

空気を読み過ぎているのだ。


わたしは序章と第1章で、「所詮、他人は他人」だと述べた。

あなたに致命的な事態が起きたとき、本気で心配してくれる人は誰か？　眠れない夜をともに過ごしてくれる人は誰か？　家族だろうか？　親友だろうか？

いずれにせよ、あなたのことを本気で心配してくれる者は、この世の中にはほとんどいない。

誤解のないようにいっておくと、困っている人に手を差し伸べる行為はすべて偽善だ、などといっているのではない。そうではなく、「所詮、他人は他人」だという真意は、「自分自身に本気で向き合ったときに感じる心持ち」のことである。

わたしの心の根底には、いつもこの冷徹な思いがある。


人間は自分が生き延びるためなら、平気で他人を死まで追い詰めるような生き物だ。

無論、自分の命を差し出してまで他人を守ることがあるのもまた人間なのだが、家族など一部の例を除けば、たいていの場合、人間はほとんど自分のことしか考えていない。

これでは虚無的過ぎるだろうか？　あるいは、現実的な認識だろうか？

その判断は読者のみなさんに委ねたいが、いずれにせよ、わたしはこれまで人生にくじけそうになったときは、いつもこの認識に立ち戻り、そのたび気持ちを奮い立たせて、自分だけに答えを求めて進んできた。

つねに己を磨き、つねに金になるネタを探す

読者のみなさんのなかには、いままさに仕事で壁にぶち当たっている人もいると推察する。そこで、自分の可能性を開花させて「日の目を見る」ためにも、仕事でサバイバルするための具体的なコツをいくつか紹介しておきたい。

むかしから、「手に職をつけろ」といわれることがあると思う。

これは間違いではないが、そうした職業を目指すかどうか迷う段階は、30代半ばか40代以上の人は、すでに過ぎてしまっているのが現実ではないだろうか。

無論、何歳になっても新しいことにチャレンジする姿勢自体は大切だ。

ただ、世の中には、すぐに手に職などつけられない人のほうが圧倒的に多い。それこそ、30代半ばまで会社員として働いてきたのに、急にこれまでとはまったく異なる職人や専門職などに転身しようとしても、年とともに感性は鈍るし、体力も落ちてくるなかで、他者を圧倒する努力をするのはなかなか難しい。

ただし、そこにも打開策はある。

それは、「自分がいまやっている仕事の延長線上で、新しい仕事を展開させる」ことだ。

ときどき、脱サラして急にから揚げ屋やラーメン屋などに挑戦するような人がいるが、そういう突拍子もないことをはじめるのはあまりよろしくない。そうではなく、会社員なら会社員で、自分が属する業界や仕事に関連するものからヒントを得て、そこから自分なりに仕事の領域を広げていくことが、もっとも簡単でリスクヘッジもできる。

いまやっている仕事内容のまま、独立するのもいいだろう。

ポイントは、自分がこれまでやってきた仕事や、いまやっている仕事こそが、自分がいちばん理解している領域だという事実である。

あなたにとってのチャンスは、そこに必ず存在する。

時代の趨勢《すうせい》とともに、よほど先細りしている業界ならいざ知らず、ほとんどの人は、自分が働く業界や仕事のなかに、必ず「飯のタネ」が潜んでいる。

「毎日同じような仕事ばかりで憂鬱だ」と感じていても、注意深くなれば、その仕事に関連する新しい変化が、いくつかあることに気づくはずだ。そうしたことにつねにアンテナを張っていると、少しずつ方向性が見えてくるので、その方向へ派生させていく方法を探っていけばいい。

そのためには、つねに自分を磨いておくことだ。

会社や組織に勤めるビジネスパーソンであれば、その組織における自分の仕事を、圧倒的なレベルまで極めておくこと。業績でもいいしスキルでもいい。他人と差別化できる特長を築き上げていく、まずは、それに注力することが必要となる。

同時に、「金になるネタ」を見つけておくことも忘れてはならない。

わたしは、仕事において、金になるかどうかはかなり重要な要素だと考えている。

ふだんの自分の仕事のレベルを高めながら、同時に「こうすればもっと儲かるのではないか？」「この部分を工夫したら倍の利益を生み出せるのでは？」などと、「いまやっていることは儲かるかどうか」を強く意識しておくことだ。

そのようにして日常を過ごしていると、身のまわりに、「ちょっと工夫すればよくなるのに、そのままにされていること」が見つかる可能性が高まる。

例えば、シャンプーの詰め替え用を本体に注ぐとき、いつもボトルから液体がこぼれたりはみ出したりするのに気づいたら、容器の形状を工夫することが「金になるネタ」になる。

もっというと、結局のところ人間は、むかしからあるものを工夫しているに過ぎないという見方もできそうだ。

まわりを見渡すと、いまは街中いたるところにコーヒーショップがあるが、その発祥は1554年のイスタンブールのコーヒーハウスだそうだ。それ以来、コーヒーを淹《い》れて提供し、代金をいただくという営みの本質はまったく変わっていない。

わたしたちの生活を支える物流サービスも、いまは郵便や宅配便などが高度に発達したが、江戸時代には飛脚が人力で運んでいた。これも、物を運んで代金をいただくという営み自体は変わらない。

つまり、仕事の本質はほとんど変わっておらず、ただ膨大な「工夫」を積み重ねていっただけと見ることができる。

世の中には、時代を変革するイノベーションを起こす天才たちもいる。しかし、「まったく新しいもの」を凡人が生み出すことは至難の業だ。いや、あのスティーブ・ジョブズですら、iPhoneを世に送り出すとき、「電話を再発明する」と宣言したのは、実に示唆的ではないだろうか。

いま過ごしている日常からヒントを得て、満たされていないニーズを探し、工夫してビジネスへと変えていく。ふだんの自分の業務のなかに潜む「うまくいっていないこと」を工夫し、生産性向上に貢献する。

いまあなたがどんな場所でどんな仕事をしていても、そのレベルを圧倒的に高めていくと同時に、もうひと捻《ひね》り、「金を儲ける工夫」をしていくことをおすすめしたい。

変な人間であることを恐れるな

つねにアンテナを立てて生きていると、いろいろなものごとに触れたとき、その捉え方にも幅が生まれる。

同じものごとであっても、なんとなく見ている人間と、そのものごとからなにかを考察したり、理屈づけたり、アイデアを思いついたりする人間とでは、その後の行動に大きな差が生じるはずだ。

たとえその思考や行動の筋が悪かったり、詰めが甘かったりしても、「自分なりの答え（仮説）」を出しながら、とりあえず自分の力で進んでいける。

すると、どんなときも「飯のタネ」や「金になるネタ」を探しているという、いわば「ずっと仕事している感」が出てくるようになる。こうなればしめたものである。チャンスや出会いが次々と起こりはじめるようになるからだ。

まさにわたしがそうだが、知り合いと食事に行き、開放感に浸って世間話をしているようなときでも、自然とビジネスの話になってしまう。自分が知らない話を相手から聞いたとき、ふとインスピレーションを得たり、新しい発想が生まれたりして、それをすぐに相手に質問するからかもしれない。相手の話が軸になっているから、仕事の話になっても、相手は嫌がらないことがほとんどだ。

そもそも自分がそんなマインドで行動しているから、そういう人とも出会えるようになるし、彼ら彼女らが、また新しい友人を紹介してくれるかもしれない。あるいは、勉強になるいい本を教えてくれるかもしれない。

そのようにして、自分の知識や選択の幅がどんどん広がっていく。

こうしたことは、ただ毎日同じ仕事をこなし、残りの時間はスマホを眺めたり、SNSでくだらないコメントを書き込んだりしているだけでは、まず得ることはできない。

最悪なのは、所属する会社や組織でどうやって生き延びるかという、社内政治ばかりに熱心なケースだ。仕事をするときの目線が、消費者（＝サービス受容者）ではなく、組織のメカニズムという内側の論理に向いているので、原理的に、消費者のニーズを満たす斬新なアイデアなど思いつくわけがない。

一方、「自分は社内政治には関心がないから大丈夫」と思っている人も、自分の立場に無自覚であるだけに危険性が潜んでいる。会社員の場合、毎月安定した給料を得られるし、それ自体は悪いことではないのだが、長年続けていると、それがあたりまえになって着実に思考停止状態へ近づいていく。

若いうちはまだいいだろう。しかし、その状態のまま40代も半ばに差し掛かると、一気に肩たたきに遭うのがビジネスパーソンの現実だ。そんな人間が、ある日急に新しい発想やビジネスを生み出せるわけがなく、実際は組織で邪魔者扱いになっているのに、「とにかく働ければそれでいい」としがみつくことがほとんどだと聞く。

逆にいうと、そんな油断している人間が多いのだから、会社や組織で圧倒的な努力をすれば、のし上がるのは簡単だ。

そうなるためには、先に述べたように、つねに己を磨き、金になるネタを探しているような、空気を読まない人間になることだ。まわりから変な人間だと思われることを恐れてはいけない。

これまでの時代は、そうした「異端」の傾向がある人は隅に追いやられていたが、もはや会社や組織に頼れない時代になっている以上、確実に結果を出せる人間のほうが重宝されることは間違いない。

いまはその過渡期にあるが、要するに、ぼんやり生きている場合ではないということだ。

正常性バイアスはいますぐ捨てろ

もうひとつ、自分の「強み」を最大限に活かして結果を出すためには、「正常性バイアス」をいますぐ捨てることだ。

よく、自然災害や事故などの際の避難行動についていわれることだが、災害が起きたとき、すぐさま避難した人ほど助かる可能性は高くなる。助かる可能性が低い人は、なぜかその様子を見守ってしまうのである。

ショックで動けなくなったり、もともと体が不自由だったりする人はともかくとして、問題なのは災害の様子をスマホで録画したり、わざわざ現場付近を見に行ったりする人だ。

なぜそんなことをしてしまうのかというと、人間が持つ好奇心がもとではあるが、同時に「自分だけは大丈夫だ」と思っているからである。

これを正常性バイアスという。

たとえ緊急時でも、なぜか「自分は死なない」「死ぬはずがない」と思い込んでしまっていて、結果的に避難が遅れたり、二次災害に巻き込まれたりしてしまうのだ。

公平にいうと、わたしも若いときは、正常性バイアスによって失敗した経験はいくつもあったと思う。

その典型例は、第1章でも述べた大学受験のときだ。「自分なら難関校へ行けるだろう」という根拠のない自信と思い込みによって、医学系の難関大学を目指したが、結果はどうにもならなかった。これはまさに、正常性バイアスによって、自分を客観視することができていなかった好例である。

24歳のときには、ダイエットをきっかけにして重い病気になったこともあった。

1カ月で10キログラムやせるという無茶な計画を立て、1日に冷凍おにぎりをひとつだけ食べて、あとは水でしのぐというおかしなダイエットを敢行したのである。そもそも体重が多いのだから、それくらい大丈夫だろうという過信があった。

結果は、しばらくすると帯状疱疹《ほうしん》ができてしまい、ひと月が過ぎる頃にようやくそれが改善したと思えば、ウイルスが脳に感染して髄膜炎になってしまったのである。そして、あるとき朦朧《もうろう》としてしまい、半ば意識を失った状態で新潟市の桑名病院に運ばれた。

24時間点滴を打ち続け、回復したとき、医師に「あなた死ぬところだったよ」といわれたことがあった。

このように、人はたいてい正常性バイアスを持っており、自分にとって重要なことでも、どこか他人事で済ませてしまう場合が多く見受けられる。自分の状況を客観的に考えずに、なんの根拠もなく「自分は大丈夫だ」と思い込むさまは、自戒を込めていうと、先に述べたどこかぼんやり生きている状態と似ていなくもない。

だから、どんなものごとも、「まあ大丈夫だろう」「なんとかなるさ」「わたしに限ってそんなことはない」などと思ってはいけない。こういう思考は、死に直結することもあるほど危険なのである。

ただし、かなり多くの人が正常性バイアスに陥ることが多いわけだから、これに関してもむしろチャンスに変えることができる。「先が見えない」といわれる時代だからこそ、つねに意識を研ぎ澄ませて、正常性バイアスに振り回されない思考や行動を心がけること。これもまた、周囲の空気に振り回されない、「個」として生きるあり方につながるはずだ。

「独身年収600万円」がいちばん興奮した

「飯のタネ」と「金になるネタ」について述べてきたので、ここでわたしが人生でこだわってきた、「金とはなにか」についても、わたしの考えを述べておく。

わたし自身は、年収300万円から社会人生活をスタートし、少しずつ業績を積み上げて、ある程度稼げるようになったとき、こう感じたのをいまでも覚えている。

「やっぱりお金の力は凄い」

というのも、第2章でも述べたが、当時の東京において年収300万円で暮らしていくのは、各種手当などもないわたしにとってかなり苦しい経験だったからだ。江戸川区中葛西7丁目にある家賃5万7000円のアパートに住み、公共料金を支払い、生活費を捻出しなければならない。もちろん、税金や健康保険料も徴収される。

なにより、いずれ必要になる開業資金を貯めなければならなかった。

そうなると、外食なんてしていられないことになるが、かといって自炊する時間も気力もないほど働いていた。そのため、1日三度の食事を、厳密にお金の計算をしたうえで食べることになった。テイクアウトの弁当でも、いちばん安価なのり弁が定番となり、幕の内弁当なんて選択肢にも入らなかった。

さすがに、弁当ばかりではストレスが溜まるので、月に一度の贅沢《ぜいたく》で焼肉屋へ行ったが、お金がないから、そこでも「3000円以内に収めなければ」という気持ちになってしまう。生ビールが500円で、つまみで400円のキムチを足して、900円のカルビとロースをそれぞれ注文すれば、あっという間に2700円だ。締めで600円のビビンバを食べると予算オーバーになってしまう。

そうであるなら、肉を1品減らすか、ビビンバをライスに替えるかを気分によって真剣に迷うことになる。独身の年収300万円の暮らしなんて、そんなものである。

しかし、これが年収400万円になると、ほかにできることが増えてくる。月1回の焼肉が月2回になったり、服や靴なども多少は買い替えたりできる。

独身で年収500万円になったらもっと凄い。ちょっとしたブランド品が買えるし、ほかにもなにかと欲望が湧き出てくるようになるのだ。

わたしは独身のとき、最終的に年収600万円台を達成したが、このときがいちばん興奮した。いろいろなものを買ったし、自分がしたいこともある程度できて、しかも少し余裕が残っていた。「やっとお金のストレスから解放された」と安堵《あんど》した。

もし年収が約1500万円あって、税金を引かれても毎年丸々使えるお金が約800万円あれば、高級時計だって、1000万円以上するベンツだって余裕でローンを組めるだろう。もちろん、焼肉屋へ行ってもそこまでお金の計算をせずに食べられる。お金があっても、別に上カルビを10人前食べることはないわけであって、満足できる食事を、お金の計算なしに存分に楽しめるようになる。

そこから、わたしは年収2000万円、3000万円、4000万円と上がっていった一方、信じてもらえないかもしれないが、年収1500万円のときと生活はほとんど変わっていない。現在の年収は億単位だが、年間に丸々使える800万円を手にしたときと、幸福度はまったく変わらないと断言できる。

年収がどんどん上がっていくと、むしろ年収800万円のときには生じようがなかった不安やストレスが比例して増えていくのだ。

心身の状態が変わるし、つきあう人も変わり、ライフスタイルも変化することで、出費はどんどん増えていくことになる。それによって人生の満足度が下がっていく人は、わたしの周囲にもたくさんいる。

だから、幸せの定義というのはなかなか難しい。少なくとも、「お金があるから幸せ」とは到底いえないということだ。

「お金はあまりないけど幸せ」という場合が、往々にしてあるのである。

金を稼ぐことは憂鬱な営み

前述したことを踏まえると、「金とはなにか」について考えたとき、幸福度に関しては、定まった答えはないということになる。

だが、ここが重要なポイントなのだが、それでも自分なりに、金についてなんらかの定義づけをしなければ、この資本主義社会では働くモチベーションが上がらず、仕事に取り組みづらいということだ。

例えば、わたしにとっての金とは、「社会的なニーズに対する報酬」という価値基準である。

金を稼ぐことは、社会的なニーズに応えることであり、社会で求められているものに対して自分のサービスを提供することへの、フェアな結果だと考えている。社会のほうが自分を求めていたということも、また結果である。

ただ、そうはいいながら、一方でそれはどこかおかしいと思っている自分もいる。

介護福祉士や保育士などをはじめとするエッセンシャルワーカーはどうなのか？　こうした職業こそ社会のニーズが多い分野ではないか？　それなのに、現在この領域で事業を起こしても、たいして儲からない構造になっている。

どんなものごとにも、例外はたくさんあるということだ。


そんな例外があることを忘れてはいけないが、例外に絡め取られてしまうと、肝心の自分の足が止まりがちになる。資本主義という大きなフレームで捉えると、やはり「社会的なニーズに応えた結果が金」なのだと自分なりに定義づけて、心理的に納得させて進んでいかなければ、なかなか金を稼げない面がある。特に、従業員を率いる経営者はそう思わなければうまくやっていけないだろう。

もっというと、いま金がないのなら、それは社会のニーズに応えられていないからだと思い込むくらいでなければ、この社会では金なんて稼げないということだ。

繰り返しになるが、無論、これはやるせない社会である。


世の中には、「自分が好きなこと」をやって稼げる人間もいるかもしれない。

だが、例として、とにかく漫画が好きで漫画家になったとしよう。最初は自分の好きという気持ちだけで進んでいけるが、少し売れてくると、読者のニーズに応えるにはどうしたらいいかを考えるようになるはずだ。なぜなら、そうしなければ売れなくなり、結局、好きな漫画を仕事にすることができなくなるからだ。

また、漫画をつくる工程がすべて好きというわけでもないだろう。ネタづくりなのか、絵コンテなのか、なかには苦手で大変な工程もあるに違いない。そうなるとスタッフが増えていき、ただ好きな漫画を描きたかったはずが、人間関係や経営に悩むようになり、スタジオのマネジメント業務が重要な関心事になってくる。

さらに売れてお金が動くようになると、編集者だけでなく、ありとあらゆる業界の人間とつきあうようになり、人間関係がより複雑になって、そこに嫉妬やひがみも絡んでくるというわけだ。これはなかなかきつい。

つまり、好きなことを仕事にしても、途中からそれでは立ち行かなくなり、社会のニーズに応えていくための考察や研究、なによりさらなる努力が求められていくということである。

誤解のないようにいうが、社会のニーズに応えられない人間は価値がないといっているのではない。

この資本主義社会において、もしあなたが「金を稼ぎたい」と思うならば、自分なりに金を定義づけて、先に述べたエッセンシャルワーカーをはじめとする社会の例外の存在に憂鬱になりながらも、馬車馬のようにひたすら働くしかないということをいいたいのだ。

その意味では、金を稼ぐことは、「自分は社会の役に立っている」と自分を慰めることはできるかもしれないが、そもそもが憂鬱な営みだということなのだろう。

どんな仕事でも楽しさは見出せる

社会のニーズに応えて働くならば、最初に感じていた「働く喜び」のようなものは減っていくのだろうか？

わたしは、それは別のかたちへと変わっていくものだと感じている。

わたしの場合、若いときは自分の収入を少しでも増やすために働き、そのための能力が磨かれていくことに喜びのようなものを感じたものだ。でも、その段階を過ぎると、次は「どうすれば患者が来てくれるのか」を考えるようになった。そのために、あらゆる方法を試しながら「看板戦略」に至ったわけだが、それがハマった瞬間、そこには別の喜びがあった。

それは、自分の仮説が証明された快感であり、社会のニーズを満たしたという満足感だ。お金を稼げるようになるにつれて、当初の「働く喜び」は薄らいでいき、別の種類の喜びに変わっていったのである。


よくメディアなどで、「自分の好きなことを探しなさい」「それを仕事にしなさい」などとアドバイスする〝自称成功者〟がいるが、大人ならまだしも、子どもにまでそれを教えようとすることがわたしには理解できない。

そもそも人は、自分が好きなこと自体、そうそう見つからないものではないか。

仮に好きなことを見つけられたとしても、それは趣味や個人的な楽しみの範囲にとどめておき、余暇の時間を使って存分に楽しむという手がある。

なぜなら、それを「飯のタネ」にしてしまうと、ビジネスに付随する問題が次々と現れて、ずっと好きでいられる可能性が一気に低くなるからだ。


ならば、打ち込める仕事をどう見つければいいかというと、どんなことでもいったん手がけてみて、そこになにか面白さや快感などを見出すしかないとわたしは思う。

それこそ歯科医を例にすれば、人の歯に興味があって仕方がない者など、ほとんどいない。

多くは親が歯科医だったり、比較的楽に独立できて裕福になれるイメージもあったりするから、その道に入るのである。そうして大学で嫌々勉強しながらもやっていくと、どこかの時点で、そのなかに面白さのようなものが見えてくる。

職業の選択肢が多いいまの時代にわざわざ嫌いなことをする必要はないが、特別好きではないことのなかにも、ある種の楽しみを見出すことは十分できる。

かつて堀江貴文氏は、東京拘置所に収容されていた際、刑務作業で無地の紙袋を折り続ける単調な作業に従事したそうだが、時間内にノルマを達成するのが大変だったらしい。そこで、「どうすればもっと上手に、スピーディに折れるのか」を自分で研究し、3日後にはノルマを軽く超えるやり方を編み出して、大きな喜びを感じたという。

こういう人間こそが成功するのだ。

ここで伝えたいのは、好きではないことのなかに楽しさを見つけることは、その気になれば「誰にでもできる」ということである。

無理にその対象を好きになる必要などない。ただ、「楽しさを見出そう」と意識を向ければいいだけの話だ。意識さえ向ければ、いま取り組んでいる仕事のなかにも、いくつもの側面と可能性があると気づくことができる。

そうした視点と、実際に行動に移すことが、チャンスをつかむ力を養っていくのである。

少なくとも、いまあなたが毎日取り組んでいる仕事は、拘置所で紙袋を折り続ける作業よりも、よほど楽しさを見つけやすいのではないか。

仕事は本来的に憂鬱な営みかもしれないが、その憂鬱さをどう解釈し、自分なりに手なずけて進んでいくかに、その人ならではのオリジナリティーが生まれる。

やがてそれが、「あなたの仕事」になっていくのだろう。

第5章

人生はどこまで行っても蜃気楼

「成功した」と浮かれる人間はまともじゃない

現在、「きぬた歯科」は右肩上がりで売り上げが伸びており、年商15億円から、今後さらに成長していく軌道上にある。

同業他社や開業医との比較であれば、わたしは「成功者」ということになるだろう。学生のときの自分、いや30代の自分でも、いまわたしが置かれた状況を知ったら、間違いなく狂喜乱舞したはずだ。

「俺は大成功者だ！」と、街中で叫んでいたかもしれない。

しかし、実際の心持ちはまるで違っている。

若い頃はかなり憂鬱な気分で毎日を過ごしていたのだが、それこそいまのほうが、多少ではあるものの憂鬱度は増した気すらしている。

おそらく背負うものが多くなり、また大きくなったからだ。仕事のスケールが大きくなるぶん、プレッシャーも相当程度重くなっていく。世の実業家も、大半は同じような気持ちを抱えているだろう。

彼ら彼女らのなかには、つねにロジカルな経営判断をしなければならないのに、占い師などに頼る者がむかしからつねに一定数存在することがそれを示している。

重大な経営判断なのに、なぜか非科学的な占いや風水などに頼ってしまうのだ。それは、他人はなかなか信用ならないうえに、自分にもまた迷いがあるからだろう。不安でなければ、占い師などには頼らないはずだ。

むしろ業績好調な経営者ほど、不安や悩みを自ら生み出しているのではないかと思うことがある。不安や悩みがなければ、順調に経営できないような不思議な仕組みになっている気さえするのだ。

朝起きて、「俺は成功者だ！　ハッピーだ！　今日も俺の世界がはじまるぞ！」などと思って浮かれる者は、まともな人間ではないし、少なくともまともな経営者ではない。

わたしは今後、自分がさらに成長を果たしたとしても、「自分は成功者だ！」と浮かれることは決してないと思う。なぜ、そう思えないのか？　それは、成功もまた明確な基準がないものだからだ。

そもそも「成功とはなにか？」と考えても、人それぞれだとしかいいようがない。

最近、個人投資家である藤本茂氏の『87歳、現役トレーダー シゲルさんの教え 資産18億円を築いた「投資術」』（ダイヤモンド社）という本が話題になった。独学でデイトレーディングをはじめ、その書名通り、いまでは資産が18億円だという。ふつうに考えたら、「もう87歳なのだから、ここからさらに資産を築いてなにがしたいの？」となるだろう。

でも、おそらく彼は、余生で思う存分お金を使ったり、暇潰しをしたりしているわけではなく、ただ「もっと利益を出したい」と思っているだけのはずだ。結局、18億よりも20億のほうが多いし、20億よりも50億のほうが多いわけであって、お金を稼ぐことにどんどん熱くなって、自分を止められなくなっているのだ。

これは悪口でもなんでもなく、働いてお金を稼ぐのをやめられないのは、わたしも同じだからよくわかるというまでのことだ。

人間という生き物は、たとえ達成感を得られたとしても、それは本当に一瞬であり、永続させることはできないのではないかと思うことがある。

例えば、東大に合格し、その後医師になったり、財務省に勤めたりしたところで、その瞬間は「やった！」という喜びや達成感があるはずだが、それを持続させる力のようなものは存在しないのではないか。

かの億万長者ビル・ゲイツ氏ですら、「どうだ、俺が成功者のビル・ゲイツだ！」などとはまったく思っていないだろう。年中投資をして、ひたすら会社を大きくしようとしている孫正義氏しかりである。

人間は、一般的な意味での「成功」を収めたとしても、「自分は成功した人間だ」と思い続けられないのだ。

恐怖と快感で仕事をやめられない

成功の喜びや興奮が持続しないから、次々と新しいことに取り組んでしまう。すると、新しく考えることがいろいろ増えていき、それがうまくいく場合もあるが、同時にリスクや失敗も発生して、余計な神経を使うことになる。

それでも、「もっと稼いだら上のステージに行けるのではないか」「もっと違う景色が見えるのではないか」などと思って、走り続けてしまうのが経営者だ。

あるいは、それが人間の特質のひとつともいえる。

そうしてお金を稼げば稼ぐほど、日常の憂鬱度は年とともに増していく。

この人間の性のせいか、わたしはこれまで「強迫観念」に駆られるように働いてきた。「いまとはまったく違う次元に行きたい」という強い思いと同時に、一瞬でも気を抜くと、いまの状況から転落してしまうという強烈な恐怖心があったからだ。

それはいまも、ほとんど変わらない。

よく海外の動画で、とんでもなく高い断崖絶壁を、命綱なしで登るような内容のものがある。見ているだけで足がすくむような動画を撮影する人が結構いるのだが、あの状態に少し近い心理状態なのかもしれない。

視界と平行に映る景色や、上方を見ているぶんには問題ないのだが、いまいる場所より下を見た途端、恐怖でガクガクと体が震えてしまう。もちろん、実際に登って動画を撮っている人たちは、下を見ても怖さもなにも感じないのだろうが、わたしは怖くて仕方がないタイプである。

登りはじめたものは、まず登り終えなければ、いつまでも下に落ちるリスクがあるわけだから、とにかく上だけを見て登り続けるしかない。でも、ようやく登り終えたと思っていると、それは途中に現れるちょっとした平場のようなもので、その先にまた新たな絶壁が見えてくる。

いつまで登っても登り終えられない崖を、不安に駆られてひたすら登り続けている、そんな心身が解放されない感覚といえばいいだろうか。

ひとことでいうと、わたしがここまで働き続けてきた原動力は「恐怖心」だ。

まるでぱっとしなかった学生時代、コンビニエンスストアの倍ほどあるように思えてもばたばたと潰れていった歯科医院、不景気で「ワーキングプア」と揶揄《やゆ》された歯科医として生きること、それらすべてが不安であり、「ずっと抜け出すことのできない、貧しい場所へと落ちていくのではないか」という恐怖心に苛まれ続けていた。

実際、いまだに景気が悪い歯科医院は多い。

歯科診療所（全体）の平均年収（第24回医療経済実態調査における「損益差額（医業収益＋介護収益－医業・介護費用）」）は約1133万200円（厚生労働省「第24回医療経済実態調査（令和5年実施）」）で、勤務医などを入れると1000万円未満になるといわれることもある。

実のところ、歯科医というのは世間のイメージとは裏腹に〝真ん中の人〟なのだ。「開業医で1000万円以上あるならいいじゃないか」と思うかもしれないが、歯科医院は設備投資が必要なので、あくまでも真ん中の人であり、借金のある開業医もとても多いのが実情だ。病気になれば収入は絶たれるし、退職金などもない。それが開業医の実像である。

わたしは、金銭的にそうした状況からは遠く離れたと思う。

だが、まったく違う次元に行き着いたところで、「ここから落ちるのではないか……」と思う恐怖の呪縛からは解放されない。

だから、今日も明日も、強迫観念に駆られるように仕事をしてしまう。

これはある種の中毒状態であり、仕事依存症といっていい。

このままでは心身によくないと知りながら、心のどこかでは「快感」を覚えているのだ。

結局のところ、断崖絶壁に登って動画を撮っている人間と、やっていることはほぼ変わらないということになる。身を危険にさらし、恐怖心に打ち震えながら、金を稼ぐたびにアドレナリンが出まくって気持ちよくなっているのだ。その快感でただやめられなくなっているだけなのだが、傍目《はため》には、やっていることがクレイジーに見えるのだろう。

丸くなったらおしまいだ

わたしはいま、50代後半だが、かつて若いときの自分にあった荒々しさのような気持ちが、少しずつ薄らいでいるのを感じるときがある。

そんなときは、つねに自問自答するなかで自分に気合を入れ直し、より強気に、攻撃的に振る舞うように意識している。

大人になって成熟すると、あまり攻撃的な振る舞いをしてはいけないような風潮があるが、先にも述べたように、自分が築き上げてきたものが脅かされたり、壊されようとしたりするときは、話が変わってくる。「きぬた歯科」に対して誹謗中傷するとヤバいことになるとわからせるためにも、わたしは徹底的に闘う。

それによって自分の事業はもとより、出演しているTOKYO FMのラジオ番組などにもなんらかの迷惑をかけるなど、スポンサー活動にも影響が出るかもしれない。たくさんの知人や人間関係もある。

また、わたしは医療法人の理事長であり、多くの従業員もいる。社会的にどう振る舞うべきか理解しているつもりだ。

しかし一方で、「丸くなったらおしまいだ」と思っている。

よく「実るほど頭《こうべ》を垂れる稲穂かな」といわれる。学問や技能が深まると、他人に対してますます謙虚になるという意味で、年齢を重ねて経験を蓄積すると、人間ができあがってきて、まわりから尊敬される存在になることが暗に求められる。

もちろん驕《おご》ることはよくないし、わたしも自分に矢を向けられない限りは、他人に対して謙虚でありたい。

ただ、それと丸くなるのとは違う。

わたしの行動を見て、ほとんどの同業者は、「いい年して大人気ないんじゃないの？」という反応だった。「きぬた先生はそれなりに影響力があるんだから」などという、まっとうな意見である。

だが、そんな理屈はわたしには関係ない。そもそも、わたしから仕掛けたことではなく、ひどい誹謗中傷をされたから、それに対して対抗しているだけだ。

やられたら、やり返す。

わたしひとりだけでなく、家族やスタッフを守るためにも闘う。

その結果、相手になにかあったところで、それは相手の問題であり、わたしが関知するところではないはずだ。

自分が攻撃されているのに、へらへらとやり過ごすことはわたしにはできない。うまくやり過ごすのが人間の成熟だとしても、そんな行動を取ると、これまで自分が懸命に貫いてきたポリシーがなくなり、自分という人間が消え失《う》せてしまうだろう。

だからこそ迎合せず、口だけでなく行動で示しているのだ。

他人を誹謗中傷するような人間は、わたしには、自分の人生を本気で生きていないように思える。

わたしはつねに本気で生きていることを、示したまでである。

結局、「実るほど頭を垂れる稲穂かな」という言葉は、人からの評価を表しているに過ぎない。大人になって角が取れた、器量が大きくなった、成熟したなどといって、それは喜ばしいことだとされるが、やはり日本人は人の評価を気にしているわけである。

でも、本当に人生それでいいのだろうか？

年齢とともに丸くなって、それで終わっていいのだろうか？


あなたが人生を終えたときに、「あの人はいい人だったね」などといわれたところで、人の噂《うわさ》も七十五日で、早々に忘れ去られてしまうだろう。世界の歴史を変えるような人間ならともかく、ほとんどの人間は、そもそも周囲に多大な影響など及ぼさずに、人知れず死んでいく存在に過ぎない。

そうであるなら、一度きりの人生において、もっと自分が思うように、やりたいように生きたほうがいいではないか。

思うようにやるといっても、自分の命が危うくなったり、家族が路頭に迷ってしまったりするようなことは避けるべきだが、そうでなければ、自分が思ったことや考えたことは、迷わず実行に移したほうがいいに決まっている。


自分の人生を本気で生き抜いて、最後までまっとうしたほうがいい。

安心はあるが、安心しかない

毎日を本気で生きながらも、わたしはいまもずっと、「本当にこれで幸せなのか？」と自問自答する状態が続いている。

「このようにずっと働き続けて一生が終わってもいいのだろうか」と、冷静に振り返る自分がいるのだ。

それでも、働き続けるのをやめることで、自分が自分でなくなるときが怖くて仕方ない。

これが嘘偽りない、いまのわたしの現実だ。

逆にいうと、そんなことを考えない人は、案外、幸せに生きられるのかもしれない。

つい先日、金髪でいかにもフリーター風の（これこそ主観と偏見に過ぎないのだが）、若い恋人同士が、仲よさそうに手をつなぎ、近所のアパートへ入っていくところを目にした。

「別にその日を楽しく暮らせればいいじゃないか」という雰囲気があり、若さの賜物《たまもの》だとは思うが、そのへんの大人たちよりも何十倍も幸せに見えた。

人は金で満たされてしまうと、次は金で満たされないとき以上の問題を抱えることになる。つまり、「金では解決できない問題」が増えるということだ。

これは実にやっかいで、金がないとき以上に根深い問題ゆえに、なかなか解決できなくなる。金が介在することで、かえってストレスや人間関係の問題に苦しめられていく。これまでうまく機能していた心や人間関係のバランスが、金によって崩れてしまうからだ。端的にいえば、「金は人を変えていく」ということだ。

一般的に、たくさん金を持っていて、夫婦円満で、家族も親族もみんな仲がいいような、そんな理想的なファミリーはどのくらい存在するものだろうか？　そんなことを同級生と話していると、「おまえは金持ちだから、上から目線で余裕かましていっていられるんだよ」といわれたことがあった。


ならば、金を持っていていちばんいい面はなにかと考えてみると、やはり「安心」を得られることだろう。

あるとき知人から、「お子さんは何人いらっしゃるの？」と問われたことがあった。「いま大学生と高校生と中学生なんです」といったら、「これからいろいろ入り用で大変ね」といわれたのだ。

でも、そのときわたしは、まったく大変だとは思わなかった。なぜなら、教育費に困ることは絶対にないからだ。これが、金のパワーだ。

しかし逆にいうと、金があるということは、安心があるということでしかないのである。

安心はあるが、安心しかない。

そして、ここが重要なのだが、安心があると心の余裕は生まれるが、食べていくことや生活自体に追い込まれることがないので、挑戦する心や闘争心はなくなっていく。

より安全な道を進むようになり、自分でも気づかないうちに角が取れて、「丸くなっていく」のである。

後悔と罪悪感に苛まれて

わたしはこれまで仕事に邁進し続けることで、多くの資産を築くことができた。もちろん、上場したオーナーのように何百億円とはいかないが、資産を得た状態でも、心はまったく満たされることがない。

虚《むな》しいといえば虚しい状態だ。どれだけ金を稼いでも、結局のところ、強迫観念があるために、働き続けてしまうからである。

かつて、夢や人生に追い詰められた状況が身に染みついていて、何年経っても、つねに不安と恐怖心と、それを覆すための闘争心を抱えながら生きざるを得なくなってしまった。

20代の頃のような状態にはもう戻りたくない。

この年齢になって年収３００万円で、ゴキブリだらけのアパートに住むことは、わたしには精神的に耐えられないだろう。

「そんなことをいっているけれど、すべての仕事を放棄したところで、十分遊んで暮らせるだろう」といわれるかもしれない。

だが、それでも働き続けてしまうがゆえに、依存症なのである。

自分で自分を追い詰めて、苦しんでいる心のどこかに、おそらくわずかな心地よさがあり、それが一層、わたしを仕事へ駆り立てていく。

そんな調子で、毎日全力で働いてきたので、仕事を短縮して家族や子どもと向き合う時間をつくるといった発想は、わたしには皆無だった。

例えば、育児や教育については、妻が頑張ったからなんとかなったとしかいいようがない。そのため、子どもとあまり向き合わずにときが過ぎたいま、やはり後ろめたさや罪悪感のようなものが、心のなかにしこりとして残っている。

わたしに限らず、特に世の多くの経営者は、多かれ少なかれそうした感情を持っているようだ。それゆえに、彼ら彼女らは、その穴を金で埋めようとする。

わたしは別に金で穴を埋めようとはしていないつもりだが、それでも、つねに後ろめたい気持ちがあるため、子どもになにかを頼まれると、ついそれをやろうとしてしまう自分がいる。

そんな自分の行動一つひとつが、子どもと向き合ってこなかった確たる証拠だ。

心の底に澱のように溜まった感情をいつまでも引きずりながら、わたしはこれからも憂鬱な気持ちで仕事をし、生きていくことになるのだろう。

あなたはいま、本当に「幸せ」なのか？

だが、人生は選択の連続だ。

誰しも超人ではないから、すべてのことなどできるわけがない。わたしのように本気で仕事に打ち込むのなら、家族や子どもとの時間は削らざるを得ない。

それが、リアルな現実である。

子どもとの時間を削ってまで仕事に打ち込まなかったなら、絶対に、いまの自分はここにはいなかった。

仕事の時間をセーブしていたら、わたしは間違いなく、「あのとき全力で仕事をしていたら違ったステージに立てたのに」と後悔していただろう。

そうして、妻や子どものせいにして、「だからいまの自分はこうなったのだ」と愚痴をいう人間になっていたかもしれない。

それこそ親として、男として終わっているではないか。

なにかを取れば、なにかを捨てなければならない。自分の人生は、自分で道を選択して進んでいくしかないのだ。

だが、どの道を行ったところで、結局は激しい後悔か、もしくは重い罪悪感に苛まれてしまう。

最近のご時勢なのか、社長が育休を公言したり、社員も有給を取って長期間子どもと向き合う時間を持ったりするなど、至れり尽くせりのニュースをよく耳にするようになった。

しかしわたしは、そんなものはポーズに過ぎないと思っている。

はっきりいって、その組織が大きいからできるだけの話だ。

日本の就労状況を見ると、ほとんどの人は、所属する組織なんてごく小さいのがふつうだろう。子どもができようがなにをしようが、夫婦ともにフルに働かなければどうにもならない人が圧倒的多数である。

そんな現実を尻目に、高給をもらって育休を謳歌するパワーカップルが、最先端の働き方とライフスタイルをアピールし、幸せな家族を演じている。

誰にでも見栄や自尊心はあるだろうから、表向きはそれで構わない。

「わたしたちは本当に幸せだ」

「人一倍努力したから、豊かさを享受しているのだ」

そんなことをSNSなどで暗にアピールして、恥を感じなくてもいい世の中になった。

そんなものは、ほとんど生まれついた環境と遺伝のおかげに過ぎないのだが。

夜ひとりきりになったときに、自問自答をしてみればいい。


自分の人生は、本当にこれでいいのか？

わたしはいま、本当に「幸せ」なのか？


幸せを演じているどんな人にも、表向きの華やかさや自尊心の陰には、無惨に捨ててきた夢や目標、譲れない思いがあるはずだ。それらがもはや手の届かないところに去ってしまったために、後悔と罪悪感に苛まれる時間があるはずだ。

家族と離れて孤独になった時間に、そうしたものが、きりきりと心を締めあげていく。

そう、自分のことは決してごまかせない。

自分をごまかさない生き方

仕事で金を稼ぎまくり、プライベートは全力で遊び、育児をやって、家族との時間も確保し、最先端のライフスタイルを謳歌する。そんなことをすべてできる者は、富豪か特権階級だけだ。

それができる人はいいが、大多数の人間は、なにかをあきらめて生きているのが実情だろう。

ならば、そんな大多数の人間は、どのようにして毎日をやり過ごしているのか。

その答えは、簡単過ぎる。〝そのこと〟を考えないようにしているだけだ。

自分にとって都合の悪いことや、消し去りたい思い、思い出したくない出来事などを、自分の記憶から消してしまえばいい。実際に、人間にはそのような心理的な働きがあるといわれている。

わたしの周囲にも、「本気でやったら凄いことになっただろうな」という才能に溢れた者が、同級生を含めてたくさんいた。それでも彼ら彼女らは、その才能を開花させることなく、なんとなく社会に埋もれてしまった。

もともと優秀だから、おそらく本人たちはそのことを自覚しているはずだ。ワーク・ライフ・バランスを目指したり、自分の夢と理想の生活の両方を追求したりして、どちらも中途半端に終わってしまったこともわかっているはずだ。


だが、そんな後悔の感情に向き合うのはとてもつらい。

だから、それに対して考えようとせず、記憶から抹消する。「そんなことはない、わたしはいま幸せなんだ」と頭のなかで処理する。

そうして、自分にとって都合の悪いことに蓋をして、なに食わぬ顔で表向きは「幸せ」を演じながら、毎日をぼんやり生きてしまう。

そんな後悔や罪悪感を抱えてしまった人間は、本来どのように生きていけばよかったのか？


それは、つらい思いを決して忘れないことだ。

どこかの時点でごまかした自分の感情を、記憶から抹消しないことだ。

自分が選んだ道を全力で生き続け、その結果、それでも後悔や罪悪感が生じたのであれば、それは不可抗力だからもう仕方がない。その苦しい感情にも、とことん向き合えばいいのだと思う。

その後悔の感情を忘れないようにして、かつての自分ができなかったぶんまで、いま自分がやっていることをさらに伸ばしていこうと挑戦していけばいい。後悔や罪悪感を、いわばテコのようにして、自分の道をもっと加速して進んでいくエネルギーに変えていけばいいのである。

ほとんどの人間は、それが苦しいから、忘れようとし、なかったことにする。だが、繰り返しになるが、自分のことは決してごまかすことはできない。

自分のつらい感情や、都合の悪い出来事に向き合うのは、苦しく憂鬱な生き方かもしれない。でも、それは少なくとも、自分をごまかさない生き方だ。

わたしはいまそのように毎日を過ごしていて、いまだになにかに追い詰められ、それと闘いながら、あるいはもがきながら働いて、生きている。

人生はどこまで行っても蜃気楼

つい先日、わたしが慕っていたある先生が、末期がんでお亡くなりになった。長く現役の医師として活躍し、また事業においても成功した方だった。

その先生が、亡くなる約1週間前、SNSにこんな趣旨のメッセージを投稿していた。

人生を振り返ると、いろいろ考えることも、後悔することもたくさんありました。

だが、自分はある程度やれることは十分やったから、思い残すことはありません。

これを読んだとき、「ああ、これは先生ならではの、自分を納得させるための最後のあきらめの言葉なんだな」と思った。

なぜなら、随所随所に、いろいろ思うことや後悔していることもあると、はっきり書いてあったからだ。こちらのほうが本音だと思う。

でも、それで人生が終わるのは、自分としてあまりに切ない。また、自分を産んでくれた親に対して、また家族や、自分に場所と機会を与えてくれた世の中に対しても、それでは感謝の念が伝わらない。

だから、自分はある程度やれることは十分やったから、思い残すことはないと記したのだと思う。

でも、やはりそこには、自分が果たせなかったことに対する、言葉にならない悔しさがにじんでいるようにわたしには感じられた。


そして、わたしもきっとそうなるだろうという予感がある。

死ぬ間際になれば、おそらく「自分としては十分やり切った」と、いってしまうだろう。「思い残すことはなにもない」というだろう。

だが本当は、そのときに達成感などまったくないと思う。

振り返れば、後悔することだらけに違いない。

だが、たとえそうであったとしても、死ぬときの「結びの言葉」は「それでいくしかない」と感じるのだ。

もうそれで「おしまい」なのだから、最後はそういって、自分で自分を納得させるしかないではないか。

そうして、大切な人たちに対して、「ありがとう」と感謝を伝えて去らねばならない。それはやはり、人間として生まれ死んでいく最期のときに、いっておかなければいけない〝台詞《せりふ》〟ではないかと感じるのである。

だから、せめてそう思えるくらいに、わたしたちはいまを本気で生きるしかない。自分なりに、最後の「結びの言葉」まで考えたうえで日々を生きるしかない。それができれば、他人の目や周囲の空気なんか露ほども気にせず、どんなことにでも挑戦していける可能性が、誰しもに残されている。

自分がいつまで生きられるかは、誰にもわからない。

先に、「人生はさほど長くはない」と述べたが、不測の事態が起これば、あなたは今日にでも死んでしまうかもしれない。その可能性はわずかかもしれないが、少なくとも可能性は確実に存在する。

突然、生死の境をさまようことになったとき、「わたしはもう十分にやり切ったから、思い残すことはなにもない」といえるだろうか？

大切な人たちに心からの感謝を表明し、静かにこの世を去ることができるだろうか？

それはつねに本気で、いわば命懸けで生きていなければ、とても思えないのではないかと、わたしは想像するのだ。


全力を尽くして生きたとしても、逆に自分をごまかしてぼんやり生きたとしても、人生に「最終目的地」など存在しない。

自分の可能性を信じ、勇気を出して、どんなことにも本気で挑戦したとしても、どのように自分だけの道を歩もうとも、つねに人生には後悔や罪悪感が残り続けるだろう。

かつて夢見た目標や憧れには、どこまで行っても辿《たど》り着けないかもしれない。

辿り着いたかと思ったら、その瞬間に、自分が行き着いていない場所が、また遠くにぼんやりと見えてくる。

それは、いわば蜃気楼《しんきろう》のように、かたちを変えて漂っている。

同じ姿を二度と見せることなく、漂いながら、自分の人生から遠ざかっていく。

どちらの道に進んでも、桃源郷はない。

人生は、どこまで行っても蜃気楼だ。

おわりに

人生をまっとうせよ

「人が生きる理由はなにか？」と考えることがある。

自分がいつ死ぬかは誰にもわからない。

病気になることもあれば、ある日、不慮の事故に遭うかもしれない。

思えば、誰にも知らされず突然この世に生を受けたわけで、自分がいつ死ぬかなどということもわかるわけがない。

どれだけ幸せに生きていても、明日にでも終わるかもしれないのが人生だ。

人生は、まるで蜃気楼のようにつかみどころがなく、あまりに儚《はかな》い。

それでもわたしは、どんな人生であったとしても意味があるものだと考えている。

自分が置かれた状況のなかで、喜びや楽しみを見出したり、悶々としたり、あらゆる感情を味わいながら自問自答して生きていくこと。

その営み自体に意味があるのではないかと思うのだ。

だから、人それぞれ自分の能力に応じて、自分なりに精一杯生きればいい。

「自分にはなにもない」と思って絶望しても、生きているという事実だけで価値がある。それだけでなく、不慮の事故や事件、病気で亡くなった人にだって大きな意味がある。

本書で述べたように、わたしの場合は、これまで働き詰めの人生だったわけだが、本当はそんなしんどいことをしなくても、どのみち誰もがいつかはいなくなるこの世に生を受け、呼吸をし、生きているだけで、実はなんらかの価値があったのだろう。

ただし、人に対してはいくら見栄を張ったり、ごまかしたりできても、自分のことは騙せない。

だからわたしは、人の目を気にせず、まわりの空気を読まず、とことん自分と向き合って生きてきた。

だからこそ必死に働いた。

働くことが、わたしの人生だったからだ。

そんな生き方を、わたしは本書で「異端」として定義づけたが、言い換えると、それは「人生をまっとうする」ということかもしれない。

わたしはいまも、とにかく自分の人生をまっとうするために働き、生きている。

それが、わたしなりの「自分で自分を応援する」生き方だ。

そして、もちろんみなさんも、それぞれの人生をまっとうする道程にあるのだ。

2024年7月

きぬた泰和

装丁・本文デザイン　阿部早紀子
カバー写真　塚原孝顕
編集　岩川 悟
編集協力　辻本圭介、洗川俊一
ヘアメイク　小久保 朋

きぬた泰和（きぬた　やすかず）
1966年、栃木県足利市生まれ。日本歯科大学新潟生命歯学部卒。江戸川区葛西の歯科医院に勤務したのち、1996年、東京・八王子市に「きぬた歯科」を開業。「ストローマン・インプラント」を取り入れるなど、スウェーデンのインプラント専門誌『INside』において、日本でもっとも多くインプラント治療を手がける医師として紹介された。「看板広告」を使ったその独特な広告活動で知られ、現在、看板の数は日本全国に約250を数えるなど、「伝説の看板王」の異名をとる。2023年より「足利みらい応援大使」を務めている。

異《い》端《たん》であれ！

2024年７月19日　初版発行

著者／きぬた泰和《やすかず》

発行者／山下直久

発行／株式会社KADOKAWA
〒102-8177　東京都千代田区富士見2-13-3
電話　0570-002-301（ナビダイヤル）

印刷・製本／大日本印刷株式会社

●お問い合わせ
https://www.kadokawa.co.jp/（「お問い合わせ」へお進みください）
※内容によっては、お答えできない場合があります。
※サポートは日本国内のみとさせていただきます。
※Japanese text only

定価はカバーに表示してあります。

ISBN 978-4-04-114641-5　C0095